QU'EST-CE QUE L'ÉDUCATION PHYSIQUE ?

COMITÉ ÉDITORIAL

CHEMINS PHILOSOPHIQUES

Collection dirigée par Roger POUIVET

Fabrice LOUIS

QU'EST-CE QUE L'ÉDUCATION PHYSIQUE ?

Paris

LIBRAIRIE PHILOSOPHIQUE J. VRIN

6, place de la Sorbonne, Vᵉ

2014

L. Wittgenstein, *Remarques sur les fondements des Mathématiques*, trad. de l'allemand par M.-A. Lescourret. Paris, Gallimard, 2009. Edition en allemand publiée chez Basil Blackwell, 1956.

J. Ulmann, « Y-a-t-il une vérité en éducation physique ? », dans *Corps et civilisation. Éducation physique, médecine, sport*, Paris, Vrin, 1993, p. 152-155.

© *Librairie Philosophique J. VRIN*, 2014

Imprimé en France

ISSN 1762-7184

ISBN 978-2-7116-2548-2

www.vrin.fr

QU'EST-CE QUE L'ÉDUCATION PHYSIQUE ?

INTRODUCTION

Qu'est-ce que l'éducation physique ? Il y a bien entendu de nombreuses réponses possibles. L'historien cherchera à savoir ce qu'a été l'éducation physique, par exemple au XXe siècle. Le sociologue soulignera les finalités éducatives de l'EPS à l'école dans le programme du collège ou du lycée. Le biologiste déterminera les relations de cause à effet qui permettent d'obtenir un contrôle moteur en réalisant un geste. Le didacticien tentera de décrire les contenus proposés par les éducateurs en étudiant les phénomènes didactiques. Mais que peut répondre le philosophe ? Et quel intérêt a sa réponse pour tous ceux qui ont pour mission l'éducation physique ? Ce sont là deux questions difficiles car autant les questions historiques, sociologiques, et les problèmes liés à la biologie à la didactique paraissent prendre un sens évident, autant les questions en philosophie prennent un sens quand le travail du philosophe est achevé.

L'objet de ce livre n'est donc pas de fournir des statistiques sur ce que font les enseignants en EPS, de décrire les attentes institutionnelles ou d'étudier ce qu'est l'éducation physique en prenant appui sur les lois découvertes par les sciences de la nature. Il s'agit plutôt, dans la perspective du tournant grammatical pris par un certain nombre de philosophes à la suite des travaux de Wittgenstein, de déterminer le sens de certaines expressions, de certains concepts et de montrer que l'utilisation de ces concepts dans le cadre de l'éducation physique pose

des problèmes philosophiques qu'il est bon de connaître sous
peine de ne pas comprendre comment on peut relier (ou non)
les finalités de l'éducation physique à l'école avec les
phénomènes didactiques et les lois de la nature.

La première thèse défendue dans les pages qui suivent est
la suivante : on peut faire quelques propositions comme il a été
fait sur le hand-ball en didactique [1] ou comme il sera fait dans le
paragraphe intitulé « application au hand-ball ». Mais il serait
erroné de croire que ces textes peuvent être reliés aux finalités
éducatives ou qu'ils pourraient être décrits dans un cadre
didactique indépendamment des conceptions qui sont expo-
sées auparavant dans les chapitres intitulés « les limites du
sujet » et « les limites de l'action ». En effet, les contenus
d'enseignement mis en place pour apprendre à jouer correctement au hand-ball sont des moyens mis en œuvre pour que les
élèves atteignent des objectifs définis (par exemple) dans le
programme des collèges [2] : « image positive de soi, nouveau
repères sur soi, intégration progressive de la règle, acquisition
d'habitudes, gagner en autonomie… ». Il est donc nécessaire
de disposer d'une théorie du sujet et de l'action pour comprendre comment les phénomènes didactique décrits permettent de
relier contenus d'enseignement et instructions officielles.
Ainsi J.-A. Méard et S. Bertone [3] font une proposition pour
développer l'autonomie : ils tentent de rendre l'activité de
l'élève signifiante. Les attitudes des élèves sont conçues
comme un système de rapports aux différentes catégories de

1. F. Louis, « Anthropologie didactique. Pour une grammaire des contenus
d'apprentissage en EPS. Deux exemples en hand-ball. », *Revue Education et
Didactique*, vol 5, n°2. Rennes, PUR, 2011, p. 39-52.

2. Programme du collège BO spécial n°6, 2008.

3. J.-A. Méard, S. Bertone, « L'élève qui veut pas apprendre en EPS :
propositions pour rendre l'activité de l'élève signifiante. », *Revue EPS*, mai-
juin, n° 259, 1996, p. 61-64.

règles existant en EPS (règles de sécurité, règles institutionnelles, règles des jeux, règles d'apprentissage, …). Mais
aucune conception du sujet n'est présente dans leur travail
pour comprendre ce qui permet de produire cette intégration
progressive de la règle réclamée par les instructions officielles.
La revue EPS dans laquelle est publié l'article n'est sans doute
pas propice à ce type de développement. Il est cependant
essentiel de déterminer la conception du sujet et de l'action qui
servent de cadre au praticien sous peine de ne pas comprendre
les phénomènes didactiques qui se déroulent.

Un des objectifs de ce livre est de proposer un cadre
théorique du sujet et de l'action pour rendre opérationnelle
l'idée de C. Amade-Escot et de M. Loquet[1] selon laquelle la
relation didactique doit être « pensée comme une action
conjointe qui rompt avec les approches processus-produit des
rapports de cause à effet ». Comment concevoir une approche
de l'éducation physique qui propose une perspective non
causaliste des apprentissages ? En EPS, C. Amade-Escot et
M. Loquet, comme d'autres didacticiens font référence à
l'étude du langage et des « jeux de langage »[2] de Wittgenstein
pour introduire une analyse philosophique du langage ou du
sujet (*cf.* C. Alin, N. Wallian)[3], mais sans explorer de manière
détaillée[4] la portée d'une telle perspective pour une approche
non causaliste et non internaliste de l'EPS.

1. C. Amade-Escot, M. Loquet, « L'approche didactique en EPS et en
APSA : analyse de l'action conjointe en contextes d'intervention », Paris,
EP&S, *Sciences de l'intervention*, 2010, p. 223-247.

2. *Ibid.*, p. 228.

3. C. Alin, N. Wallian, « Sémiotique et sémiologie des productions
langagières en EPS et en analyse des pratiques », Paris, EP&S, *Sciences de
l'intervention*, 2010, p. 118.

4. Ce que font par exemple G. Sensevy (*Le sens du savoir, Eléments
pour une théorie de l'action conjointe en didactique*, Bruxelles, De Boeck,
2011) et B. Sarrazy pour les Mathématiques (« Ostention et dévolution dans les

La seconde thèse de ce livre est donc de montrer en quoi une telle perspective se distingue d'une approche internaliste et causaliste de l'EPS et quels problèmes philosophiques sont engendrés par cette distinction. Or, cette rupture dans la manière d'envisager l'éducation physique ne peut pas être simplement observée en décrivant ce que fait celui qui est déjà engagé dans cette façon d'enseigner. Car celui qui décrit le travail du praticien le fait en projetant son propre système d'analyse. Ainsi A. Terrisse[1] affirme qu'en didactique clinique, « ce qui est recherché, ce sont les raisons de l'acte didactique, celles qui par exemple, déterminent l'arrêt de la situation à ce moment-là. Quelles sont les raisons qui ont « causé » cet acte ? ». Le chercheur fait cette précision dans un paragraphe consacré au mode de recueil des données. Dès lors, il est nécessaire d'exposer la conception intentionnelle de l'action d'E. Anscombe pour comprendre ce qui peut séparer une analyse non causaliste de l'action de celle fondée sur l'idée selon laquelle les raisons peuvent être des causes. De même cette conception clinique du sujet en EPS présuppose que « seul le sujet peut dire quelque chose sur la part qu'il prend dans ce qui lui arrive »[2]. Il importe alors de comprendre la rupture que la conception wittgensteinienne opère avec une telle vision de l'EPS qui réduit le langage à une interaction causale entre deux systèmes délimités dans le temps et l'espace : l'enseignant et l'élève.

mathématiques », *Education et Didactique*, vol 1 n°3, Rennes, Presses Universitaires de Rennes, 2007, p. 31-46).

1. A. Terrisse, « La didactique clinique en EPS. Origine, cadre théoriques, recherches empiriques », dans A. Terrisse, M-F Carnus (dir.), *Didactique clinique de l'éducation physique et sportive (EPS)*, Bruxelles, De Boeck, 2009, p. 28.

2. *Ibid.*, p. 29.

La rupture d'une conception néo-wittgensteinienne de l'éducation physique est analogue à celle qui a fait voler en éclat la règle des trois unités du théâtre du XIIIᵉ siècle : l'unité de lieu, l'unité d'action, l'unité de temps. Pour comprendre cette nouvelle perspective dans le cadre de l'EPS, il est nécessaire de rompre avec l'idée que l'unité de temps qui permet d'analyser l'action est celle du mouvement réalisé en faisant l'action. Il est nécessaire de rompre aussi avec l'idée que l'unité de lieu où se déroule l'action, c'est celui de l'espace du mouvement ou celui des causes qui modifient le corps du sujet et produisent le mouvement. Il reste à découvrir quelle est l'unité de l'action dans une telle perspective et comment concevoir le sujet pour entrevoir ce que peut être une analyse des apprentissages en éducation physique.

Dans un article intitulé « Les lapins pourraient-ils danser ? », Mikael M. Karlsson se demande « si n'importe quel lapin a la capacité d'acquérir l'aptitude à danser, c'est-à-dire à effectuer une action qui serait clairement valable comme une danse. »[1]. Le point de vue du philosophe a de quoi nous étonner car selon lui, « la réponse pourrait être « oui », même si aucun lapin n'a jamais appris ou n'apprendra jamais à danser »[2]. En étudiant les raisons pour lesquelles Mikael M. Karlsson adopte ce point de vue, on comprend que pour un certain nombre de philosophes, une question du genre « Les lapins pourraient-il danser ? » peut recevoir une réponse dès lors que deux sortes d'enquêtes ont été menées. La première porte sur ce que sont les lapins (sur leur corps par exemple). La seconde constitue une ontologie de la danse (Qu'est-ce qu'un acte de danse ?).

1. Mikael M. Karlsson, « Les lapins pourraient-ils danser ? », dans J. Beauquel, R. Pouivet, *Philosophie de la danse*, Rennes, PUR, p. 45-64, p. 47.
2. *Ibid.*, p. 47.

Mais étrangement l'analyse de ce qu'est « apprendre à danser » ne prend pas une place importante au sein de ce débat.

Ce constat peut être étendu au-delà de la danse : il reste valable pour tout ce qui concerne l'éducation physique. L'objet de ce livre est donc de découvrir ce qui pose problème lorsqu'on s'interroge sur ce qu'est l'éducation physique en enquêtant sur l'apprentissage d'activités telles que la danse, le badminton, … dans le cadre de l'école. De telles études se tournent généralement vers la physiologie, la psychologie, la sociologie ou encore la didactique. Pour comprendre la nature des problèmes philosophiques qui seront traités différemment en analysant les notions de sujet et d'action, il convient de reprendre notre exemple des lapins-danseurs. Si on se demande seulement ce qu'est un lapin et ce qu'est la danse, on risque de se limiter à deux formes d'études portant sur des états : l'état de la danse au XXIe siècle (ou depuis qu'elle existe) et l'état dans lequel les lapins se montrent à nous. Au contraire, pour comprendre ce qu'est l'éducation à la danse, il est nécessaire d'étudier une relation et non des corps ou des états. Cette relation est construite dans l'apprentissage par le trio lapins-danse-éducateur. Pour danser comme pour parler, un être vivant doit faire preuve d'autres actions que celles qu'il peut produire de manière naturelle. Un lapin peut bondir : soit il le fait naturellement, soit sa nature lui permet de l'apprendre. On ne peut en revanche répondre à la question « les lapins pourraient-ils danser ? » si on n'a pas étudié l'éventualité selon laquelle des lapins pourraient apprendre à danser. Mais que la danse (comme le langage) s'apprenne, ce n'est pas là une réalité qui repose seulement sur un ensemble de *conditions physiques*.

« Les lapins ne peuvent pas danser sans l'avoir appris ! » : cette affirmation exprime l'existence d'une *condition gram-*

maticale sans laquelle on ne saurait se mettre d'accord sur ce qu'on veut dire lorsqu'on dit : « Les lapins pourraient danser ».

Par conséquent, la thèse défendue dans ce livre, dans une perspective wittgensteinienne, est celle-ci :

> L'étude qui décrit la réalité de l'éducation physique est une enquête d'ordre grammatical, elle vise par exemple à déterminer la relation du trio élève-éducateur-danse en précisant la nature des actions intervenant dans les apprentissages.

Ce qui se joue ici dans l'analyse philosophique des conditions sous lesquelles on peut dire de quelqu'un qu'il réalise une action précise déborde le champ de l'analyse des conditions dans lesquelles une proposition a un sens bien défini. Ce qu'on fait pour définir les critères qui nous permettent de juger si une personne est en train d'apprendre à danser, à nager, à jouer aux échecs, ... constitue en fait une enquête sur la *topologie* de l'éducation, c'est-à-dire sur les lieux où se jouent les réalités éducatives.

Cet usage d'une grammaire philosophique des concepts éducatifs permet de faire une analyse de la notion de limite qui prend en compte la mise en garde de Wittgenstein :

> Il existe des concepts intérieurs et extérieurs, des modalités intérieures et extérieures de la théorisation de l'homme. Mieux, il existe aussi des faits intérieurs et extérieurs – de même qu'il existe des faits physiques et mathématiques. Mais ils ne sont pas juxtaposés les uns aux autres comme des plantes d'espèces différentes...
> L'intérieur est lié à l'extérieur non seulement par expérience mais aussi logiquement [1].

---

1. L. Wittgenstein, *Derniers écrits sur la Philosophie de la Psychologie*, tome II, 1949-1951 : *L'intérieur et l'extérieur*; trad. de l'allemand par

C'est dans la prise en compte de cette relation logique entre l'extérieur et l'intérieur que se joue une conceptualisation différente de l'éducation physique. Il s'agit de montrer comment le lien entre l'extérieur et l'intérieur se déforme par apprentissage. Or nous considérerons que cette déformation n'est pas liée causalement à une transformation corporelle interne. Notre point de vue sera externaliste. Cette perspective peut inquiéter ceux pour qui, comme l'exprime D. Le Breton, « le corps est la demeure de l'homme »[1]. Et tous ceux pour qui « le corps fonctionne comme une borne frontière, « facteur d'individuation » » risquent de se demander : que restera-t-il de l'éducation physique si on soustrait le corps, « la trace la plus tangible du sujet »[2], ce corps où semble naître l'action du sujet, ce lieu où les règles semblent prendre corps ?

Nous pouvons concevoir différemment l'étude des lieux qui sont concernés par l'éducation physique et surtout identifier d'autres relations entre ces lieux que celles qui sont matérielles. C'est en ce sens qu'il sera question dans ce qui suit d'une *étude topologique* de l'éducation physique car en adoptant la perspective grammaticale de Wittgenstein, nous modifions de manière conséquente notre conception de la limite du sujet, de l'action, des règles et du type de leurs transformations. C'est en ce sens que l'analyse grammaticale peut répondre à la question : « Qu'est-ce que l'éducation physique ? ».

G. Granel, Mauvezin, T.E.R. Edition en Allemand publiée à Oxford, Basil Blackwell, 1992, p. 84.

1. D. Le Breton, *Anthropologie du corps et modernité*, Paris, P.U.F., 2005, p. 158-159.

2. *Ibid.*, p. 159.

LES LIMITES DU SUJET

Introduction

Dans une étude consacrée à «une théorie du sujet enseignant en didactique clinique», M.-F. Carnus croit en «la singularité du sujet enseignant» et affirme que «le sujet enseignant est divisé. Divisé d'une part entre une «sphère privée» et «une sphère publique» qui constitue son épistémologie personnelle et professionnelle...»[1]. Si on comprend aisément ce qu'est une chose divisée en deux parties, il est moins évident de savoir ce que peut être un sujet divisé entre une «sphère privée» et «une sphère professionnelle». On peut entendre par là que le sujet conserve en lui des choses qui lui sont personnelles mais il ne s'agit alors pas là d'une théorie du sujet. Qu'est-ce qu'une théorie du sujet fondée sur l'idée d'une division entre le privé et le publique peut engendrer comme distinction en didactique? Comment intégrer cette idée de division dans le cadre des «limites du sujet»? L'objet de ce chapitre est de montrer que cette idée de séparation entre «privé» et «publique» pose des problèmes philosophiques qu'il convient de discuter pour disposer d'une réelle théorie du sujet permettant de repérer des différences entre plusieurs types de didactique en EPS.

Notre conception habituelle, physicaliste, de la notion de limite est généralement utilisée pour concevoir l'identité d'un sujet de manière internaliste (par exemple en l'assimilant aux états physiques internes du corps du sujet).

---

1. M.-F. Carnus, «La décision de l'enseignant en didactique clinique. Etudes de cas en éducation physique et sportive (EPS)», dans *Didactique clinique de l'éducation physique et sportive (EPS)*, Bruxelles, De Boeck, 2009, p. 69.

D'autre part, on pense usuellement, sans que ce soit souvent explicite, que connaître quelqu'un c'est connaître l'état d'esprit dont il peut faire preuve dans certaines situations. Si vous êtes juriste et que vous étudiez la manière dont un juge a fait appliquer les lois au cours de sa carrière à une époque donnée, vous saurez d'une certaine manière qui était ce juge, l'état d'esprit qui l'animait en cette période républicaine. Mais en tant qu'internaliste vous pouvez ne pas être satisfait de cette seule analyse. Par exemple, imaginez que vous soyez le Garde des Sceaux et que vous ayez envie d'influencer la manière dont les procès politiques sont jugés. Vous pouvez croire que cet « esprit des lois » qui se lit dans les jugements rendus par le magistrat est le reflet d'une activité mentale intérieure propre à l'esprit du juge, *activité de pensée qui confère une signification* aux lois. Il y aurait donc d'un côté les lois voulues par le parlement et d'un autre côté « les lois dans les pensées » du magistrat, les lois qui ont une signification grâce à l'activité de l'esprit du magistrat. Si on est un Garde des Sceaux internaliste, on est alors tenté, comme l'écrit R. Pouivet, « de localiser la pensée, d'en faire alors l'action de quelque chose : l'esprit. »[1]. Et on succombe alors au mythe qui nous suggère que « la pensée de l'homme se déroule au dedans de sa conscience, en un isolement par rapport auquel tout isolement physique est une exposition au grand jour »[2]. Pour découvrir qui est ce juge rendant la justice de telle ou telle manière, l'internaliste se croit obligé de découvrir derrière les pensées publiques du juge (celles qui se donnent en spectacle

---

1. R. Pouivet, *Après Wittgenstein, Saint Thomas*, Paris, P.U.F., 1997 ; 2ᵉ éd., Paris, Vrin, 2014, p. 35.

2. Wittgenstein, *Le Cahier bleu et le Cahier brun*, trad. de l'anglais par M. Goldberg, J. Sackur, Paris, Gallimard, 2004, p. 311. Edition en anglais publiée à Oxford, Basil Blackwell.

lorsqu'il rend son verdict), des pensées privées pouvant révéler qui est vraiment le juge et quel est réellement son état d'esprit.

La *linéarité* de la conception internaliste de l'identité du sujet peut être observée. En effet, l'internaliste cherche à suivre la pseudo-piste d'une pensée qui se poursuivrait à l'intérieur de l'homme. L'internaliste pense que, derrière le théâtre des pensées publiques, se cache une fabrique de pensées privées (l'Esprit) qui se parent du langage pour paraître à l'extérieur, sur la scène du monde où les autres hommes tentent de se comprendre.

Ce qui pose problème ici n'est pas de croire que ce que nous n'avons jamais dit pourrait éclairer quelqu'un sur ce que nous sommes (il peut bien y avoir des informations que nous retenons et qui sont essentielles pour qu'on comprenne ce que nous faisons) mais plutôt que le sens des actions qui est accessible aux personnes qui nous entourent n'est que le sommet d'un iceberg plongé dans notre for intérieur. Et l'internaliste croit en plus qu'au passage de la frontière entre l'extérieur et l'intérieur, l'iceberg subit une sorte de déformation causée par la nature nouvelle du milieu dans lequel il est plongé. Cette conception peut être schématisée ainsi :

ESPRIT PRIVÉ	*ESPRIT RENDU PUBLIC*
Activité intérieure de l'esprit qui donne du sens aux choses en pensant.	Description de l'esprit par un observateur
Exemple : « L'activité intentionnelle du sujet donne du sens aux symboles du langage. »	

FRONTIÈRE PHYSIQUE

INVESTIGATION NÉCESSAIRE POUR L'INTERNALISTE

←

Est-il vraiment nécessaire de rappeler à quel point l'internalisme est la théorie dominante chez ceux qui ont la responsabilité d'une éducation physique ? On peut se limiter à citer M. Durand qui a enquêté sur l'expérience quotidienne des enseignants d'EPS :

> Enseigner est conçu par les professeurs comme une commande qui s'exerce de l'extérieur vers l'intérieur sur les élèves [1].

La perspective adoptée dans ce livre pour concevoir le sujet dont l'esprit doit être éduqué est différente. Elle est ainsi décrite par V. Descombes :

> « L'esprit est dehors. » C'est le slogan qui définit ce qu'on qualifie de thèse externaliste [2].

Pour identifier certains apprentissages en éducation physique [3], il convient de cerner en quoi la perspective externaliste rompt avec cette idée d'un enseignement qui s'exerce comme une commande opérant de l'extérieur vers l'intérieur. Pour cela, nous allons préciser, dans les lignes qui suivent, comment concevoir autrement les sujets, leurs actions et la communication entre les élèves et les enseignants.

Le paradigme qui explique en partie le « slogan » externaliste est celui de Wittgenstein :

---

1. M. Durand, *Chronomètre et survêtement : reflets de l'expérience quotidienne d'enseignants d'éducation physique*, Paris, Revue EPS, 2001, p. 226.

2. V. Descombes, « Réponse sous forme d'entretien » dans B. Gnassounou, C. Michon (dir.), *Vincent Descombes : questions disputées*, p. 375-437, Nantes, Cécile Defaut, 2007, p. 413.

3. Nous identifierons dans les pages qui suivent les apprentissages suivants : décrire sa propre action, ponctuer son action, refaire une même action, …

Lorsque les mines, les gestes et les circonstances sont univoques, alors l'intérieur paraît l'extérieur; ce n'est que lorsque nous ne pouvons pas déchiffrer l'extérieur qu'un intérieur semble se cacher derrière lui [1].

Il est possible de croire qu'un sujet a "les idées claires" sur ce qu'il dit ou fait, même s'il reste incompris par ceux qui l'entourent. Cette croyance existe parce que nous pensons que nos moyens d'expression sont une simple courroie de transmission de pensées déjà présentes à l'esprit. Or, il faut être ici sensible à l'analyse de Wittgenstein :

La locution «exprimer une idée que nous avons en tête», suggère que ce que nous essayons d'exprimer par des mots est déjà exprimé mais dans un autre langage; que cette expression se trouve sous l'œil de notre esprit, et que ce que nous faisons consiste à la traduire du langage mental en langage verbal [2].

Mais *l'œil de l'esprit* serait aveugle si le sujet ne disposait pas au départ d'un langage pour décrire ce qu'il voit. Si l'œil de l'esprit saisit la réalité qui l'entoure, c'est que le sujet a appris le langage qui nous permet de nous comprendre tous sans traduction préalable. La difficulté de l'éducation ne réside donc pas dans une tentative vaine de comprendre le langage privé que l'élève récalcitrant utilise pour interagir avec son environnement. La difficulté est de redonner un véritable sens à l'acte d'enseigner et d'apprendre de manière à ce que cet élève ne se comporte justement pas comme d'habitude, lorsque le sens qu'il accorde à son activité suffit pour être

---

1. L. Wittgenstein, *Derniers écrits sur la Philosophie de la Psychologie, L'intérieur et l'extérieur, op. cit.*, p. 84.

2. L. Wittgenstein, *Le Cahier bleu et le Cahier brun, op. cit.*, p. 89.

efficace. Pour cela, il nous faut définir le sens objectif de l'acte d'enseigner afin de répondre à ces deux questions :

– Que peut être un déficit de communication dans le cadre d'une relation d'apprentissage ?

– Quel type de pathologie est révélé par l'existence de relations inadaptées aux processus d'apprentissage ?

En faisant apparaître dans le travail de V. Descombes sur l'identité du sujet ce qui s'apparente à une technique de changement de base d'écriture, on peut montrer qu'il est équivalent de dire qu'une institution est malade ou qu'un grand nombre de sujets sont victimes d'une forme de pathologie liée à la communication.

La conception externaliste de Vincent Descombes et la communication entre sujets

Partons de cette hypothèse : l'acte d'enseigner implique que l'enseignant et les élèves partagent les mêmes idées à un moment où à un autre du cours. Cette expression « les mêmes idées » constitue une difficulté qui doit être levée pour définir le sens de l'acte d'enseigner. Il est tentant de croire que l'acte d'enseignement consiste simplement à établir une rencontre entre différents sujets de manière à constituer un ensemble de significations intersubjectives. Vincent Descombes a établi que ces significations « correspondent au phénomène de consensus entre des sujets indépendants. »[1]. Ce type de significations qu'on peut rencontrer dans le cadre d'une discussion portant sur les goûts de chacun d'entre nous sur un plan culinaire présuppose une équivalence de statut pour tous les sujets en présence. Or l'acte d'enseigner se distingue de cette forme de phénomène social qu'est le partage de significations

---

1. V. Descombes, *Les institutions du sens*, Paris, Minuit, 2005, p. 291.

intersubjectives sur un point essentiel : il s'agit de la présence d'un esprit objectif constitué par les significations communes que doivent partager l'adulte et les élèves, une fois que l'acte d'enseigner a atteint son but. Selon V. Descombes une condition doit être remplie pour qu'apparaisse cet esprit objectif : c'est la condition « d'extériorité aux individus ». Celle-ci se comprend ainsi : les significations « doivent être extérieures au sujet du point de vue de l'origine, ce qui veut dire ici *du point de vue* de l'autorité et de la validité … Extériorité veut dire que l'idée se présente à nous comme une règle bien établie et qui ne dépend d'aucun de nous en particulier. »[1].

La condition d'*extériorité*, bien que paradoxale, est intéressante : pour que quelque chose soit en commun à deux personnes, elle ne doit appartenir ni à l'une, ni à l'autre[2]. Il s'ensuit qu'il ne peut y avoir d'acte d'enseigner que si l'élève et le professeur se reconnaissent pris dans une relation triadique constituée de chacun d'entre eux et d'un objet extérieur à chacun d'entre eux : la leçon dont le contenu est *objectif*. Le contenu de la leçon ne caractérise pas plus ce qu'est l'enseignant qu'une émission de radio ne caractérise le poste qui le retransmet. Cela ne veut pas dire que la réception ne peut pas être gâchée par un poste de mauvaise qualité ou par un auditeur distrait, cela veut dire qu'il est aberrant qu'au moment du baccalauréat, un élève sorti de l'épreuve de philosophie puisse affirmer devant des caméras de télévision que la valeur de sa copie ne dépend que de l'opinion du correcteur. L'incapacité à saisir pour un élève que, comme l'écrit

1. *Ibid.*, p. 289.
2. Voici donc définie ce qui s'apparente à une dimension de l'identité d'un sujet : une partie de mon identité est définie par les idées auxquelles je tiens, mais ces idées ne dépendent pas de moi.

V. Descombes, « enseigner n'est pas une chose qu'on puisse faire tout seul rien qu'en donnant à ses faits et gestes une intention dirigée vers autrui »[1] ne révèle pas un simple problème relationnel entre l'enseignant et l'élève, ceci révèle une absence de sens dans la communication entre l'enseignant et l'élève, ce sens qui est institué normalement par la dimension sociale de l'acte d'enseigner.

Plus largement que l'acte d'enseigner, l'acte de communiquer peut s'avérer pauvre en sens si cette dimension impersonnelle du sens de la communication n'apparaît pas. On peut alors se demander si nous ne sommes pas en face d'une véritable pathologie lorsque ce phénomène est particulièrement marqué chez un sujet. Il est possible de répondre à cette question en montrant que cette pathologie touche ce que V. Descombes appelle le « sujet des institutions ». Pour cela, faisons apparaître une technique d'argumentation « le changement de base d'écriture » qui découle du propos de V. Descombes.

Le changement de base d'écriture

Pour établir ce qu'est le sujet des institutions, V. Descombes commence par remarquer qu'on ne peut décrire une société en restant au niveau empirique (celui des sujets humains particuliers) et qu'il est nécessaire de prendre en compte les institutions (les idées ou les valeurs de la société). Ainsi, en examinant même de manière très précise ce que fait chacun des hommes lié à la civilisation indienne, nous n'arriverons pas à établir ce qui différencie cette civilisation de nos sociétés occidentales… Le philosophe se sert de cette étude pour établir que :

---

1. V. Descombes, *Les institutions du sens*, *op. cit.*, p. 298.

> Le sujet des institutions sociales est toujours et partout un sujet dyadique [1].

Sans préciser la portée de cette conclusion car nous y reviendrons, notons qu'il y a au moins deux manières d'interpréter l'argumentation de V. Descombes.

– La première consiste à croire que l'auteur prend d'abord appui sur des affirmations portant sur les sociétés en général pour ensuite tirer des conclusions portant sur les hommes appartenant à ces sociétés. En quelque sorte, décrivant les caractéristiques générales d'un ensemble (ici les différentes sociétés), il s'ensuivrait que l'on peut connaître les propriétés des éléments de l'ensemble (chacun des hommes de la société).

– La seconde manière est de ne pas réellement distinguer ce qu'on dit sur la société en général et ce qu'on dit de ses sujets. Lorsque j'énonce l'expression « sujet de la société » je peux imaginer qu'il y a deux entités bien distinctes le *sujet* d'une part et la *société* d'autre part. L'analyse grammaticale ici peut être trompeuse : le fait que dans l'expression « le sujet de la société », « la société » apparaisse en tant que complément du nom renforce l'impression qu'il y a deux entités distinctes et qu'en faisant référence à l'une (la société), on apporte des précisions sur l'autre (le sujet). En réalité, on peut adopter une approche différente en estimant que si on établit certaines propriétés du sujet social en développant une d'argumentation portant sur la société, c'est que nous parlons en fait de la même chose de deux manières différentes.

---

1. *Ibid.*, p. 302.

Lorsque L. Dumont écrit « On n'est pas homme, on est, selon cas, prêtre, prince, cultivateur ou serviteur. » [1], l'affirmation peut être comprise, soit comme une affirmation portant sur le sujet social, soit comme une affirmation portant sur la société qui est composée de ces sujets. Mais l'affirmation ne dit pas pour autant deux choses : elle n'en dit qu'une seule qu'on peut décrire de deux manières différentes. Décrivant les faits sociaux qui permettent de préciser ce que sont les institutions, V. Descombes décrit du même coup les hommes qui en sont à l'origine. En affirmant cela, nous voulons dire qu'il n'y a qu'une seule chose décrite, une sorte d'être social perçu soit d'un point de vue global (selon l'angle de la société), soit du point de vue local (selon l'angle des hommes qui composent la société).

Considérons donc qu'il existe plusieurs bases d'écriture dans notre langage pour décrire la même chose. Dans cette perspective, on peut considérer que V. Descombes passe ici d'une remarque portant sur la comparaison entre les sociétés à une définition du sujet social en changeant « simplement » de base d'écriture. Son argumentation peut être perçue comme le travail technique qu'on doit se résoudre à faire pour passer de l'écriture d'une base à une autre. Ce changement de base ne constitue pas qu'une simple astuce pour faciliter le raisonnement, il permet de mieux saisir toute la portée ontologique du travail de V. Descombes sur l'identité du sujet. Ce changement de base d'écriture donne une dimension nouvelle aux pathologies qui peuvent affecter un sujet. Nous allons décrire le sujet des institutions dans cette perspective.

---

1. L. Dumont, *La civilisation et nous, esquisse de sociologie comparée*, Cahiers des Annales, 23, Paris, Armand Colin, 1964, p. 23, (cité par V. Descombes, *ibid.*, p. 301).

Le sujet des institutions peut-il être malade ?

Qui est le sujet des institutions ?

Pour préciser qui est le sujet des institutions, victime de la pathologie, il convient de s'arrêter sur le fait souligné par V. Descombes :

> Dumont attire notre attention sur la différence qu'il y a entre reconnaître les différences individuelles (dans sa propre expérience du monde) et donner à ces différences une place centrale dans sa conception de l'ordre du monde. Toute société reconnaît, dit-il, l'individu empirique. Mais toute société ne fait pas de l'individu humain le sujet de droit ou dit-il, l'agent des institutions [1].

Dans une société indienne, par exemple, le propriétaire d'un sol n'est pas l'individu humain, le particulier. Ainsi, selon l'auteur de *La denrée mentale*, « dans la région du Malabar, il y a simultanément deux ayant-droit sur le sol » [2]. Et L. Dumont insiste sur le fait suivant :

> Si on voulait absolument trouver ici un propriétaire, il faudrait prendre la paire, qui est généralement constituée d'un homme de haute et d'un homme de basse caste [3].

L'agent de l'institution – entendez ici l'entité qu'on doit identifier comme endossant la charge de l'action sociale – est donc dyadique : il ne peut être réduit à une seule personne. Ce qui apparaît ici clairement dans la société indienne, cette dyade comme forme donnée à toute activité sociale dans les sociétés traditionnelles, est beaucoup moins facilement repérable dans

1. V. Descombes, *Les institutions du sens, op. cit.*, p. 299.
2. *Ibid.*
3. L. Dumont, *La civilisation et nous, esquisse de sociologie comparée, op. cit.*, p. 23.

nos sociétés occidentales. En effet, dans celles-ci, on encourage le sujet des institutions, au moyen de toutes sortes d'institutions spirituelles, à échapper aux dyades et à conquérir une sorte d'autonomie lui permettant de jouir pleinement de sa liberté d'une part et d'autre part à développer au mieux l'épaisseur de la dimension subjective de sa personne. L'impression qui en ressort est que, dans nos sociétés, le sujet des institutions sociales est bien le particulier, un sujet monadique, parce que c'est ainsi qu'il nous semble que nous agissons lorsque nous nous plaçons dans le rôle d'agent des institutions sociales. Alors, écrit V. Descombes :

> Du même coup, notre conception des rapports entre particuliers s'en trouve modifiée. Nous ne croyons pas nécessaire de les incarner dans le rapport d'un particulier à un partenaire identifié comme tel. Il suffit que ce soit le rapport (impersonnel) d'un particulier à n'importe qui [1].

Mais si ceci se produisait toujours ainsi, il est probable que les institutions sociales mettraient peu de temps à péricliter et avec elles, les capacités de communiquer des individus. Il n'y a pas lieu d'ailleurs de croire qu'il y a une relation de causes à effets entre la fin des institutions sociales et l'incapacité des sujets à communiquer. Nous sommes en effet en face d'une seule et même réalité décrite dans deux bases d'écritures différentes. Car sans la possibilité d'identifier l'autre comme un partenaire qui nous soumet à certaines règles de conduite et que nous soumettons en retour à certaines contraintes, le sens d'un grand nombre d'actions disparaît. Sans cette possibilité, nous ne pourrions plus donner, enseigner, voter et même parler.

---

1. V. Descombes, *Les institutions du sens*, *op. cit.*, p. 304.

En effet, ces activités sont sociales par excellence et comme l'assure V. Descombes, « le sujet *des institutions de la vie sociale* est toujours et partout un sujet dyadique »[1].

Pour que nous puissions agir en tant que sujet des institutions de la vie sociale, nous devons nous sentir liés par des règles à autrui au moment où nous agissons. Plus précisément, pour que je puisse me faire comprendre, je dois penser que « ma parole » est « notre parole » et celui qui écoute doit penser de même. En conséquence, on doit relever une part d'impersonnel chez une personne lorsqu'on en vient à considérer ses actions : cette part d'impersonnel n'est pas qu'un lien de ressemblance avec ce que font les autres, elle est constitutive de l'action. Sans elle, l'action ne peut exister. Ceci n'enlève aucunement mes possibilité d'être original dans ce que je dis quand je parle, pas plus que je ne suis réduit dans ma liberté d'être créatif parce que je m'impose d'écrire en alexandrins. Au contraire, ces règles sont des conditions qui permettent à l'originalité de s'exprimer. Sans cette part d'impersonnel qui doit s'imposer à moi comme s'impose à moi l'idée de me soumettre aux usages des poètes utilisant les alexandrins pour écrire, je me coupe de la possibilité de communiquer avec mes semblables. Car je ne peux alors discerner ce que nous avons en commun dans nos pensées. Et je ne peux échapper aussi au fait que :

> Les individus sont certainement les auteurs des *phrases* qu'ils construisent, mais ils ne sont pas les auteurs du *sens* de ces phrases, et c'est précisément ce qu'on veut dire en parlant d'une signification impersonnelle des énoncés. Mon

---

1. *Ibid.*, p. 302.

interlocuteur a tort s'il n'a pas compris ce que j'ai dit dans le sens de ce que ma *phrase* veut dire dans le contexte [1].

N'est-ce pas d'ailleurs ici une des fonctions de l'école que d'habituer les enfants à saisir le sens des phrases et des actes en fonction du contexte ? Mais pour cela, il est nécessaire que l'enfant comprenne que ni lui, ni l'enseignant ne sont les propriétaires du sens de ce qui se dit ou se fait. L'enseignement implique qu'il y ait un lieu physique de rencontre pour les deux sujets mais la véritable rencontre qui doit se produire ne peut avoir lieu nulle part physiquement. Cette rencontre est pourtant à l'extérieur des deux sujets puisque les deux sujets doivent se retrouver là où est présent ce qui constitue l'esprit des institutions sociales. S'il n'y a de rencontre que spatiale, il ne peut y avoir de communication dans le cadre de l'enseignement, même si un ensemble de phrases en apparence tout à fait sensées sont prononcées. Lorsque, plus largement, la communication ou la parole devient impossible parce que les sujets en présence ne savent plus se retrouver sur un fond commun donnant le même sens au langage, alors on peut considérer que quelque chose est malade.

Un homme frappé par la foudre sur terre et se mettant à prononcer des termes dans un langage extraterrestre ne pourrait être considéré comme doué de la parole. Ne peut-on considérer alors qu'il y a des cas où quelqu'un prononce des mots et des phrases qui ont du sens sans pour autant parler ? Et si cela devait se répéter fréquemment, ne serait-ce pas là comme le signe d'une forme de maladie pour lui et peut-être pour ceux qui l'écoutent ?

1. V. Descombes, *Les institutions du sens*, *op. cit.*, p. 333.

Quel type de pathologie touche le sujet des institutions ?

Il y a, en France, une affirmation qui sonne souvent comme une sentence : « les institutions sont malades ». En disant cela, le politicien pense bien sûr à la Vᵉ République, le pédagogue penserait plutôt à l'école et le sociologue, sans doute, à une crise des institutions familiales.

Je vais maintenant appliquer la technique du changement de base d'écriture pour le cas de l'école en France de manière à préciser ce que l'on peut dire de plus que : « l'école est malade ».

Pour que l'activité de l'enseignant et celle de l'élève puissent être considérées comme des activités sociales et pas seulement comme une résultante de simples rapports intersubjectifs, il est nécessaire qu'une relation de nature sociale existe entre les deux sujets. Cette relation doit produire quelque chose, elle doit permettre d'établir une communication entre les deux sujets c'est-à-dire qu'elle doit aboutir à cet événement nouveau : les deux sujets peuvent partager une même pratique ou une même idée, bien identifiées socialement. Lorsque nous disons que l'école est malade, cela signifie que cette relation est insuffisante. En conséquence, le partage d'idées communes est de plus en plus incertain. Le fait social que constitue l'acte d'enseigner disparaît peu à peu et avec lui sombrent peu à peu le statut de l'enseignant et celui de l'élève. Ce naufrage est un peu semblable à celui qui toucherait la culture d'une civilisation ancienne dont les derniers membres ne suffiraient plus à transmettre oralement, comme cela fut pourtant le cas, pendant des millénaires, les savoirs traditionnels. En effet, dans le monde des faits sociaux, la mort ne survient pas seulement avec la disparition des objets (textes de loi, œuvres d'art…) mais également avec l'incapacité des hommes composant la société à comprendre l'esprit de cette société. Mais, avant la mort, il y a la maladie : l'esprit de la société est de moins en moins bien compris ou plutôt il est compris par de moins en moins de personnes. Lorsqu'un nombre toujours plus grand de personnes ne comprend pas le sens d'une loi, le sort de cette loi est compromis. Car ce qui fait l'existence de l'esprit de la loi, c'est le fait qu'une majorité de personnes se sentent concernées par cette loi et en comprennent l'application correcte. Sans cette communauté de pensée, qui relie les hommes entre eux l'esprit de la loi n'existe plus.

Louis Dumont[1] écrit « on n'est pas homme, on est, selon le cas, prêtre, prince, cultivateur ou serviteur ». Il serait utile d'ajouter : « et puis un jour on n'existe plus en tant que prêtre, prince, cultivateur ou serviteur ». Mais avant cela, avant de ne plus exister en tant que tel, avant que la relation sociale ne cesse, elle s'est d'abord distendue. Dire cela, c'est dire du même coup et par un simple changement de base d'écriture, que le sujet des institutions de la vie sociale s'affaiblit. En ce sens, on peut dire que la bonne santé du sujet décline et qu'une maladie en est la cause. Sans doute l'auditeur trouvera-t-il matière à prendre quelques distances avec une telle conclusion. Alors pensera-t-il : « On peut bien ne plus être prêtre, prince ou enseignant sans être malade ! » Oui, on peut effectivement perdre en « épaisseur » dans sa dimension sociale sans tomber malade. On peut également avoir un taux de cholestérol bien plus élevé que celui qui est recommandé par les normes de santé publique sans tomber malade. Mais la maladie, comme chacun sait, est avant tout une affaire de circonstances et de symptômes. Dans certaines circonstances,

---

1. L. Dumont, *La civilisation et nous, esquisse de sociologie comparée*, *op. cit.*, p. 21.

aucun symptôme n'apparaîtra et, de ce fait, le sujet ne sera pas déclaré malade.

Néanmoins certaines relations sociales semblent plus primordiales que d'autres et la crise que subit l'école peut s'avérer plus grave pour le sujet des institutions sociales si elle ne révèle pas seulement un affaiblissement de la relation entre l'enseignant et l'élève mais plus largement une distorsion de la relation qui permet à deux personnes de communiquer. J'ai dit que la relation d'enseignant à élève était une relation d'ordre. C'est également le cas lorsque deux sujets communiquent. A tour de rôle, l'un et l'autre doivent faire preuve d'une certaine autorité et d'une certaine reconnaissance de la compétence de l'autre pour que chacun d'entre eux puisse partager les idées qui nourrissent la discussion. La relation qui s'instaure entre l'enseignant et l'élève lorsqu'elle se déroule normalement n'est rien de plus qu'une relation de communication où, plus souvent qu'à son tour, une des deux personnes (l'enseignant) doit faire preuve de compétence et d'autorité aux yeux de l'autre (l'élève).

Cette relation est nécessaire pour instituer du sens dans la communication, non pas celui qui correspond à l'originalité avec laquelle l'enseignant peut faire son cours mais celui qui correspond aux idées, aux pratiques communes à la majorité des personnes composant la société. Si l'élève ne saisit pas la dimension impersonnelle du sens que doit prendre tout acte d'enseigner, il réduira l'acte d'enseigner à une simple rencontre contrainte de deux subjectivités dans l'espace clos appelé « école ». La fonction sociale disparaît pour l'élève et avec elle s'évanouit également une bonne partie de la dimension sociale de l'individu qui constitue cet élève. Il n'est pas alors caricatural d'affirmer que cet élève est malade. Mais pour prendre la mesure de ce fait, il faut sans doute avoir enseigné durablement à des enfants pour qui l'activité d'élève prenait trop souvent le sens que Georges Marchais donnait, dans le célèbre sketch de Thierry Le Luron, à l'interview du journaliste J.-P. Elkkabach : « Je ne comprends pas vos questions, vous ne comprenez pas mes réponses, mais ce n'est pas grave, on est là tous les deux au bon endroit et on parle ».

Lorsqu'un grand nombre d'enfants semblent atteints à différents degrés par ce symptôme, on peut à juste titre affirmer avec le sociologue que l'école est malade et avec le philosophe que le sujet des institutions sociales est atteint de manière latente par la maladie. Peut-on alors imaginer une forme de thérapie ou doit-on être fataliste ?

Comprendre ce qui est malade pour imaginer une thérapie

Un politicien qui fait le diagnostic qu'une institution est malade ne résiste généralement pas à la tentation de fournir la liste des réformes qui lui semble nécessaire pour sauver l'institution. Dans le cas de l'école, il est tentant de s'essayer à imaginer une thérapie. Encore faut-il ne pas se tromper, ni sur la nature de la maladie, ni sur l'identité du patient à guérir. Lorsqu'on veut soigner une institution, on se confronte à une difficulté que ne rencontre pas un médecin. En effet, ce dernier n'a aucun doute sur le corps qu'il a à guérir quand un patient malade vient le trouver. Mais est-on bien sûr de savoir ce qui est malade dans l'institution ? Le politicien semble souvent ne pas douter de l'identité de ce qu'il a à soigner. Et, d'une certaine manière, il se conduit également comme le médecin : il cherche à agir sur le corps de l'institution. Il abroge des textes officiels et les remplace par d'autres. Son ordonnance est donc une suite de réformes qui sont censées soigner l'institution. Ce faisant, on peut se demander si le politicien n'opère pas comme un chirurgien qui couperait une jambe malade et la remplacerait par une prothèse. Petit à petit, on peut ainsi non pas guérir le patient mais le transformer bout par bout. Le politicien essaye de guérir les institutions en agissant sur « l'esprit objectivé », « à savoir toutes les choses de la nature sur lesquelles l'esprit a gravé son empreinte : livre imprimé, pierre taillée, toile peinte. »[1]. Mais s'il est possible de supprimer « l'esprit objectivé », il est plus difficile de supprimer par une seule action « l'esprit objectif », « ce que l'on appelle souvent représentations collectives, c'est-à-dire toutes les manières de penser et d'agir caractéristiques d'une société, représentations juridiques, philosophiques, religieuses… ».

Cet esprit objectif, c'est le fond commun dont parle R. Aron :

> L'individualité biologique est donnée, l'individualité humaine de la personne est construite à partir d'un fond commun[2].

Si on veut décrire cet esprit objectif en utilisant la base d'écriture du sociologue, on peut faire référence par exemple à l'esprit des lois qui anime les relations entre les différentes personnes qui rendent la justice. Si on cherche à décrire cet esprit objectif en utilisant la base d'écriture du philosophe, on pourra alors parler de la dimension impersonnelle que prend le sens d'une action lorsqu'un homme agit en tant que citoyen respectueux des lois de la société dans laquelle il vit. L'esprit objectif, c'est donc ce qui reste inchangé lorsqu'on change de base d'écriture : il est au phénomène social ce que l'invariant est en mathématiques lorsqu'on change de base pour écrire

---

1. V. Descombes, *Les institutions du sens, op. cit.*, p. 288.

2. R. Aron, *La Philosophie critique de l'histoire, Essai sur une théorie allemande de l'histoire*, Paris, Vrin, 1938 ; 2ᵉ éd. 1950, p. 74.

autrement la matrice d'une transformation géométrique. Il serait cependant tentant de croire qu'on pourrait localiser cet esprit objectif comme on trouve la caractéristique essentielle (les valeurs propres) d'une transformation géométrique : en trouvant la bonne base d'écriture. En adoptant un langage plus adapté, peut-on penser, on devrait réussir à définir exactement cet invariant qu'est l'esprit objectif.

Et il est vrai qu'il est important de trouver cet esprit objectif pour « soigner » l'institution ou aider l'enfant en échec scolaire car si quelque chose doit être considéré comme malade dans l'institution ou déficient chez l'élève, c'est bien ce qu'on appelle l'esprit objectif. C'est cette partie de l'individualité humaine de la personne qui compose l'élève avec trop peu d'épaisseur parfois pour lui permettre de construire des relations sociales pertinentes avec ses professeurs. Dans ce cas, l'acte de l'enseignant n'a plus le sens que tout acte relevant d'une institution doit avoir.

Cependant il ne semble pas possible de saisir par le langage, d'une manière définitive, ce qu'on appelle ici l'esprit objectif. Nous pouvons en parler, nous pouvons décrire les symptômes qui l'affectent dans différentes bases d'écriture, mais nous ne pouvons dire : « Voici l'esprit objectif ». Dès lors, comment soigner ce qui semble n'apparaître qu'indirectement ? Comment agir pour toucher cet esprit objectif ?

Il s'agit tout d'abord de comprendre que le problème ne se pose pas que pour des phénomènes sociaux révélant des institutions en mauvaise santé. Le problème se pose également dans le cas de l'apprentissage d'une règle. On pourrait croire qu'il est nécessaire de connaître l'esprit de la règle, le sens que tout le monde doit lui attribuer avant de l'enseigner. Mais si c'était le cas, personne ne l'enseignerait. Car chaque enseignant s'en fait une idée personnelle, dans sa propre base d'écriture, et ne se réfère jamais à une hypothétique base unique d'écriture qui fournirait à tout le monde la bonne interprétation de la règle. Il est donc fécond de se demander comment on apprend une règle, de manière à imaginer une thérapie qui renforcerait l'esprit objectif. La question est : qu'est ce qui permet à mon action d'avoir une influence sur la façon dont vous allez assimiler une règle ? Cette question qui en apparence ne concerne que le problème bien précis de l'apprentissage d'une règle, paraît fortement liée à celle de savoir ce que nous devons avoir en commun pour nous comprendre lorsque nous nous parlons.

Pour répondre à cette question, il est important d'étudier de plus près cette notion d'apprentissage :

> Ce qui fait qu'un acte dont j'ai la libre initiative détermine logiquement votre réaction, quelle qu'elle soit, comme étant votre réponse à ma sollicitation, ce sont les usages établis là où ces actes ont lieu. Ces usages sont des institutions, au sens de *Mauss* : ce sont des manières de faire et de penser dont les sujets ne sont pas les auteurs... ... Ces usages établis permettent de décider de ce qui est dit, et donc de ce qui a été pensé, quand quelqu'un se fait entendre de quelqu'un. Ce sont donc les institutions du sens [1].

Ceci nous semble une piste prometteuse pour agir sur le sujet des institutions sociales. En effet, elle permet d'éclairer le cas de certains élèves en grande difficulté scolaire. Le problème qui se pose à tous peut être perçu comme une sorte d'hypertrophie de la dimension subjective de la personne au détriment de la dimension impersonnelle nécessaire pour

---

1. V. Descombes, *Les institutions du sens, op. cit.*, p. 334.

élaborer une communication normale avec autrui et développer une représentation équilibrée de la société.

LES LIMITES DE L'ACTION

Introduction

L'analyse de l'activité en éducation physique revêt parfois une dimension anthropologique. Cette opinion est revendiquée par C. Alin et N. Wallian qui tentent de décrire l'activité des élèves en s'inscrivant « dans les travaux de la philosophie du langage et sur la primauté du sujet de la compréhension. Il est donc surprenant de voir les deux auteurs déclarer quelques lignes plus loin s'en tenir « aux formes d'apparition de *la subjectivité d'un sujet de langage* dans les actes qu'il développe et dans les dires qu'il énonce… dans le domaine de l'analyse des pratiques »[1]. Les deux didacticiens affirment que « l'approche externaliste ne suffit pas à rendre compte de la manière dont l'élève s'y prend pour apprendre de son point de vue à lui/elle. L'approche internaliste vient donc naturellement compléter la précédente »[2]. Cette affirmation est en contradiction avec la perspective anthropologique de Wittgenstein. Il est donc essentiel de comprendre ce qui distingue une conception internaliste d'une conception externaliste de l'action pour envisager une approche anthropologique fondée sur Wittgenstein telle que nous l'aborderons dans le commentaire de son texte.

Lorsqu'on se demande « Où se joue l'action ? », alors on est tenté de localiser les lieux physiques dans lesquels le processus

1. Ch. Alin, N. Wallian, « Sémiotique et sémiologie des productions langagières en EPS et en analyse des pratiques », Paris, EP&S, *Sciences de l'intervention*, 2010, p. 118.

2. *Ibid.*, p. 130.

causal à l'origine de l'action prend naissance. Ici, comme l'écrit P. Livet :

> L'action semble donc être conçue comme un passage, une transformation entre une intention et un mouvement, voire entre une représentation interne et un comportement externe… [1].

Dans ce cas, on peut être tenté de rechercher, par exemple, le lieu de la délibération pratique, la source de l'action pour ainsi dire, l'endroit où naîtraient les raisons d'agir. Il faut noter, comme le précise B. Gnassounou, ce qui oppose ici la conception externaliste de l'action de la conception l'internaliste :

> Pour l'externaliste, il est parfaitement possible que nous jugions bonne une action sans que les considérations qui nous permettent de la juger telle ait un lien quelconque avec les désirs de l'agent, c'est-à-dire avec ce qui est susceptible de motiver l'acteur à accomplir ce qu'il estime bon. Et ces considérations fonctionneront quand même comme des raisons d'agir. Un acteur peut donc avoir d'excellentes raisons de faire ce que pourtant aucun désir ne le pousse à faire. (…) Pour l'internaliste, cela n'a pas de sens : quelqu'un ne peut avoir une raison d'agir qu'à la condition que celle-ci soit susceptible d'avoir une influence sur l'acteur… [2].

De ce fait, la conception internaliste propose une vision causaliste de l'action, donc pour ainsi dire linéaire, qui admet un clivage physique entre le monde intérieur du sujet et le monde qui est à l'extérieur. Cette conception que

---

1. P. Livet, *Qu'est-ce qu'une action ?*, Paris, Vrin, 2005, p. 9.
2. B. Gnassounou, « *Philosophie de l'action : action, raison et délibération* », dans *Textes clés de philosophie de l'action*, Paris, Vrin, 2007, p. 26.

l'externalisme va nous aider à affaiblir peut être schématisée ainsi :

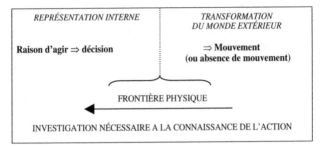

Cette *linéarité* de la conception de l'action provient d'une conception usuelle de la notion de limite. Habituellement, si vous cherchez à passer d'un espace à un autre, vous n'avez qu'à cheminer physiquement pour franchir la frontière existant entre l'un et l'autre des deux espaces. Vous bénéficiez ici du fait que l'un des deux espaces est le complémentaire (physiquement) de l'autre espace dans l'espace entier de votre propriété : ainsi en cheminant dans une seule direction, vous sortez de l'un pour aller dans l'autre. En concevant les limites de l'action de manière internaliste et causaliste (par exemple en se limitant à la volition de l'action et en la cherchant dans la tête de l'agent), on néglige une part importante de l'étude de l'action et par suite on rejette une conception externaliste de l'éducation physique qui rompt avec l'idée que le corps est la cause de l'action. Car comme l'écrit B. Gnassounou :

> En réalité, l'agent a un *rayon d'action* qui dépasse, même dans les circonstances les plus ordinaires, les limites de son propre corps [1].

---

1. B. Gnassounou, « *Philosophie de l'action … »*, *op. cit.*, p. 44.

Cette forte tentation de percevoir l'agent dans une perspective causaliste est sans doute liée à notre envie d'expliquer ses actions. Or la grammaire philosophique de Wittgenstein est avant tout le résultat d'une analyse descriptive et non explicative. En adoptant cette démarche, nous obtiendrons une classification des actions (intentionnelle, volontaire, action ponctuée, ….) qui constitue de nouveaux axes d'apprentissage en éducation physique.

Une action peut-elle être simultanément décrite, expliquée et comprise ?

Précisons au préalable ce que nous entendons par cette expression : « explication de l'action ». L'action est expliquée lorsqu'une proposition fournissant les causes provoquant cette action est énoncée. Notons l'embarras que provoque cette idée : une description fournissant une explication de l'action est-elle une description de l'action ? Que les causes recensées nous soient utiles pour transformer le sujet qui agit peut paraître évident mais néanmoins notre embarras demeure : nous avions évoqué l'idée de décrire les actions afin de les classer et nous voilà prêt à faire une étude des causes de ces actions. Cela ne nous éloigne-t-il pas de notre sujet qui est l'action ? Apparemment non, si notre sujet est de cerner les moyens de transformer les actions d'un sujet puisque certaines causes produisent ses actions. Voilà un paradoxe qui brouille considérablement les pistes lorsqu'il s'agit de préciser ce qui doit être la cible des contenus d'enseignement en éducation physique : si je pense à définir ce qu'est l'action de quelqu'un, je ne recherche pas nécessairement les causes à l'origine de cette action et si je recherche les causes de l'action pour m'aider à transformer le comportement de celui qui agit alors je ne peux en même temps formuler une description de l'action.

Pourquoi en va-t-il ainsi ? Si je crois découvrir qu'un élève ne peut s'exprimer correctement en sport-collectif parce qu'il manque de vitesse, de force, de coordination, de pratique physique et si je m'en tiens à ces hypothèses, j'oublie de décrire ce que fait l'élève lorsqu'il n'agit pas de manière efficace et je suis incapable de comprendre ce que fait cet élève. Plus précisément l'énoncé, aussi exhaustif soit-il, des causes qui peuvent déterminer l'action ne nous sera d'aucune utilité pour comprendre ce qu'est « répéter la même action ». Nous ne serons pas non plus capables de saisir ce qu'est « Jouer de manière juste » en sport collectif. En fait, une grande partie des contenus d'enseignement liés à ces notions ne nécessite pas qu'on formule des hypothèses sur l'origine causale des actions. Nous aurons en revanche à formuler des critères explicitant ces notions de « jouer juste » ou « répéter la même action » et pour cela, il nous sera utile de décrire correctement les actions attendues et non les causes qui sont à leur origine.

Pour l'instant, admettons sans plus discuter que décrire les causes à l'origine d'une action peut nous éloigner de la description de cette action. Et tentons de donner un sens plus précis à cette notion d'éloignement d'une action de manière à savoir si une description quelconque a un intérêt lorsqu'il s'agit de modifier les comportements en éducation physique.

Le périmètre d'une action

Il y a de nombreuses causes de l'action dont on ne se soucie guère lorsque l'on pense à une action. On ne peut manifestement pas prendre en compte toutes les causes qui forment le tissu de ce qui semble être à l'origine d'une action. Parmi ces causes, il y en a qui paraissent « plus proches » que d'autres de l'action, et parfois si « proches » qu'on peut être tenté de croire qu'en énonçant les causes on entre déjà dans le périmètre de l'action. Pour saisir cette idée de proximité entre les causes et les actions, il suffit d'imaginer un enchaînement de causes, localisables dans l'espace et le temps, provoquant une action à un instant t_0. Si je veux modifier cette action, je dois agir sur les causes qui sont suffisamment proches de t_0. Je ne peux pas rétroagir sur le fait que cet élève n'a pas eu de pratiques physiques durant son enfance, n'a donc pas grandi en incorporant les adaptations physiques nécessaires à une pratique sportive efficace. Il apparaît évidemment, en donnant cet exemple, que je fais référence à des causes qui sont décrites par les lois de la nature.

Cependant notre projet initial consistait à décrire en premier lieu l'action pour déterminer ce que fait le sujet qui agit. Notre idée est de comprendre l'action du sujet pour mieux la transformer : les lois de la nature ne sont donc ici d'aucun secours car ce qui détermine naturellement l'action du sujet ne peut justement être imputé au sujet. Pour comprendre l'action du sujet, je peux en revanche faire référence aux raisons que *pourrait* évoquer le sujet pour expliquer le sens de son action (Nous reviendrons par la suite sur l'emploi de ce conditionnel). *Selon le sens commun*, ces raisons sont également des causes. Or, si nous croyons que nos raisons d'agir nous poussent à agir, cette croyance n'est pas neutre vis à vis du projet qui vise à transformer les actions de quelqu'un en s'appuyant sur les descriptions qu'on peut donner de ce qu'il fait. Quel sens devons-nous alors donner à cette notion de proximité qui est apparue lorsque nous évoquions les causes naturelles si nous devons étendre cette notion aux raisons ? Y a-t-il des motifs d'agir, des raisons plus « proches » de l'action que d'autres ? Cette question de la proximité a-t-elle encore un sens ? Si c'est le cas, il nous sera alors utile de prendre en considération d'abord les raisons les plus « proches » de l'action avant les plus éloignées dans la transformation du comportement d'un sujet.

De manière à préciser le sens de ce concept de proximité, nous procéderons ainsi : nous tenterons de donner une description d'abord sommaire de l'action puis nous essaierons d'élargir cette description. Il est possible qu'en agissant ainsi nous intégrerons alors progressivement dans cette description des causes de l'action. Nous considérerons alors que les causes apparaissant en premier seront (d'une certaine manière) plus proches que les autres de l'action. Nous tenterons de montrer que cette analyse peut être pertinente pour améliorer notre enseignement. Par exemple, si je dis qu'un élève cherche à faire rebondir sa balle sur sa propre table *pour* servir réglementairement au tennis de table, j'ai décrit sommairement l'action en donnant du sens à ce qu'il fait. Si je dis qu'un processus cérébral a causé cette action, je m'éloigne du périmètre de l'action en ce sens que je ne peux rien faire de cette description en tant qu'enseignant. En tout cas dans l'état actuel des connaissances qu'a la neurologie sur le cerveau et dans l'état actuel de la formation des enseignants en EPS.

Voici pourquoi certaines classes d'action présentent plus d'intérêt que d'autres pour notre sujet d'étude. Il est donc important de cerner ce que nous entendons par « décrire de différentes manières » une action et il nous faut découvrir les facteurs essentiels déterminant cette manière de décrire.

Du problème de la description de l'action à la description du problème de l'action

Nous avons pour objectif l'étude des actions. Mais qu'entendons-nous par « actions » ? Nullement qu'elles soient des « choses propres aux êtres humains » (au sens de quelque chose d'interne à chaque être humain) dont nous voudrions percer la nature. Nous allons plutôt considérer qu'il se produit des évènements qui entrent dans la catégorie des actions quand on les *décrit* d'une certaine manière.

Définition 1 : Nous appelons action tout événement physique concernant un système qui nous permet de tenir ce système pour vivant.

Définition 2 : Nous appelons action humaine tout événement physique concernant un être vivant qui nous permet de tenir cet être vivant pour humain.

Ces deux définitions appellent deux commentaires identiques :

– Être humain (respectivement vivant) n'est pas une propriété qui peut être définie de manière intrinsèque, il s'agit d'une propriété relationnelle : nous sommes humains (respectivement vivants) eu égard à la relation que nous entretenons avec notre environnement.

– Nous appelons action un événement physique *dont la description* suppose vivant, sans ambiguïté aucune, le système auquel l'action est attribuée. Et nous appelons action humaine une action *dont la description* suppose humain, sans ambiguïté aucune, l'être vivant auquel l'action est attribuée.

La définition d'une action (respectivement d'une action humaine) renvoie donc de manière directe à la définition de ce qu'est un être vivant (respectivement de ce qu'est un être humain). Il n'y a rien à rajouter à l'évènement physique (respectivement à l'action) pour en faire une action (respectivement une action humaine).

Lorsque nous sommes en présence d'un sujet qui agit inefficacement et semble être en échec lors de l'apprentissage, il est important d'éviter de succomber à la tentation de croire que le problème qui se pose à l'enseignant peut être décrit de manière unique. Cependant, sous une certaine description [1], les solutions peuvent apparaître plus facilement. Or, il semble que la forme sous laquelle le problème peut apparaître est tributaire de la façon dont on décrit l'action inefficace. Doit-on faire référence à un manque d'information de l'agent ? A une défaillance physique ? A une incompréhension ? Dès lors, il apparaît important de cerner ce qui génère des différences entre plusieurs manières de décrire un même évènement. Nous nous restreindrons au cas où cet événement entre dans la classe des actions, c'est à dire finalement dans le cas où un consensus s'est dégagé entre les différents observateurs qui ont décrit l'événement. Il nous faut montrer que la classe des actions intentionnelles que nous allons maintenant définir est pertinente pour élaborer une conception didactique de l'éducation physique.

L'intérêt des actions intentionnelles dans une conception externaliste

L'enseignant en EPS pense s'adresser à des sujets dont la motricité est orientée en fonction de la volonté d'agir de ces sujets, *des raisons qui leur sont propres* ou comme on le dit assez communément, de leurs intentions. D'autre part, les activités proposées par l'enseignant aux élèves fournissent à ces derniers certaines raisons d'agir. Par exemple, si l'activité physique consiste à atteindre une cible avec un ballon dans un camp adversaire, l'activité semble fournir une raison pour que toute une équipe (lorsqu'elle a le ballon) se déplace vers cette cible. Ce n'est pourtant pas ce qu'on observe chez certains enfants qui au contraire se déplacent vers le ballon en constituant une sorte de grappe autour du porteur du ballon.

---

1. Cette description émerge souvent en se posant un certain type de questions.

Nous venons d'écrire que ces raisons d'agir sont propres au sujet ; que voulons-nous dire par là ? Est-ce que les raisons d'agir sont, *dans* chacun de ces enfants, comme autant de messages codés dont seul l'enfant aurait la clef ? Si c'est le cas, la première préoccupation de l'enseignant devrait être de trouver les clefs de ce code afin de savoir ce qui se passe dans la tête de l'enfant avant ou pendant l'action. Par suite l'enseignant devrait adopter un point de vue qui lui donne une idée des mécanismes permettant à un enfant d'avoir une intention. Mais plus simplement (semble-t-il), l'enseignant pourrait rapidement accéder à ce qui se passe dans la tête de l'enfant en lui demandant d'expliquer verbalement ce qu'il ressent lorsqu'il agit ou de fournir les raisons qui le poussent à « agir ainsi ». Ce mode de pensée résulte d'une conception internaliste de l'action. Cette conception considère que le problème de l'intentionalité de l'action, c'est-à-dire, pour le dire brièvement, des raisons qu'on peut donner à une action, est un problème qui concerne « l'intériorité » de l'agent.

Qu'entendons-nous par « agir ainsi » lorsqu'on parle des raisons qui poussent un élève à « agir ainsi » ? Cette expression suggère que nous venons de décrire l'action d'une certaine manière. Or, l'agent peut très bien ne trouver aucune raison à l'action dont nous venons de donner une description. C'est un problème qui prend tout sens lorsque vous devez transformer le comportement d'une personne qui ne sait pas très bien pourquoi elle a agi ainsi. Pour résoudre ce problème dans le cadre de l'éducation physique, nous devons d'abord préciser le sens donné à la notion d'action intentionnelle dans le cadre d'une conception externaliste.

Actions intentionnelles et actions volontaires

Une classe des actions souvent utilisée pour fournir des exemples dans les théories de l'éducation physique est celle constituée par la classe des actions volontaires. Le sens commun considère que les actions volontaires sont celles qui résultent de la volonté de l'agent. Mais cette conception laisse sous-entendre qu'un acte de volonté est nécessaire pour agir de manière volontaire. Et cette perspective peut conduire à penser que certaines actions sont le résultat d'un manque de volonté de l'agent. C'est une conception peu convaincante car elle mène à une impasse aussi bien sur un plan éducatif que philosophique.

Sur un plan éducatif, cette idée est peu séduisante. En effet, si la volonté est un acte interne qui est à l'origine de l'acte volontaire, il devient étrange de concevoir une éducation qui permettrait d'apprendre à « vouloir vouloir agir correctement » pour agir de manière correcte et volontaire.

Sur un plan philosophique, comment expliquer l'acte de volonté sans faire référence à un autre acte, celui de la décision de faire un acte de volonté puis à l'acte de décider de prendre cette décision… La régression à l'infini paraît difficile à éviter car ce qui plait au sens commun dans cette définition de l'acte volontaire, c'est l'idée que la volonté est un acte interne fondateur de l'acte volontaire. Sans doute des expressions telles que « faire à volonté » nous incite à croire que la volonté est une sorte d'interrupteur pour actions. On peut résister à cette tentation en constatant que « faire à volonté » ne signifie rien d'autre que « faire dès que telle est la volonté de quelqu'un ».

C'est d'ailleurs la définition donnée par V. Descombes de l'action volontaire : « est volontaire, l'action que le sujet peut contrôler, c'est-à-dire faire et arrêter sur demande »[1]. C'est une définition très utile en EPS car une grande partie des

1. V. Descombes, « Comment savoir ce que je fais ? », E. Anscombe, *Philosophie*, Déc., n° 76, 2002, p. 15-32.

apprentissages doit permettre aux agents de contrôler leur motricité. Dans des conditions normales, on peut « à volonté » lever le bras et le baisser. Dans les activités sportives on tente de rendre aussi contrôlables les gestes qu'il est aisé de lever le bras. V. Descombes note également que l'action volontaire intéresse de ce fait le scientifique qui s'interroge sur les mécanismes de contrôle et de production du comportement. Or il est remarquable que les actions volontaires ainsi définies ne constituent qu'une petite partie des actions intentionnelles sur lesquelles il est nécessaire de s'interroger pour comprendre comment les concepts éducatifs sous-tendent nos pratiques éducatives. Qu'est-ce qu'une action intentionnelle? Pour répondre à cette question il est nécessaire de préciser la forme de la description des évènements qui les constitue en actions intentionnelles.

L'intérêt de se demander si une action est intentionnelle existe dès qu'on peut décrire de plusieurs manières l'action. « Siffler sous la douche » n'est pas une action intentionnelle. Cette action est bien volontaire car on peut la réaliser « sur commande » mais en revanche il est difficile d'imaginer ce qu'on pourrait dire d'autre que « il siffle sous la douche » pour qualifier ce que fait quelqu'un qui « siffle sous la douche ». Le critère donné par V. Descombes pour que cette question de l'intentionalité de l'action ait un intérêt est le suivant : peut-on se demander si une action connue sous une description X par l'agent est connue également sous une description Y? De nombreux problèmes éducatifs sont liés à cette question.

Qu'est ce qui génère la distinction que nous faisons entre ces deux descriptions d'une même action d'un footballeur?

– « Son pied a frotté le ballon de gauche à droite et de bas en haut, le ballon est alors passé au-dessus du mur de joueur avant de rentrer dans les cages en pleine lucarne. »

– « Le joueur a brossé son ballon de manière à ce que la trajectoire du ballon évite le mur des joueurs et trompe le gardien en logeant le ballon dans la lucarne. »

Nous distinguons de façon assez évidente que la seconde description précise que cette action était intentionnelle en donnant la raison pour laquelle l'action a été réalisée. Mais à quoi tient cette distinction que nous sommes capable d'établir ? E. Anscombe retient cette idée :

> Ainsi beaucoup de descriptions d'évènements reposent directement sur le fait que nous possédons la forme de description des actions intentionnelles [1].

Quelle est donc la forme de la seconde description indiquant l'action et l'intention de l'agent que ne possède pas la première description ? Elisabeth Anscombe répond ainsi à cette question en indiquant que la forme de la description permet de répondre à la question « Pourquoi ? », question qu'on se pose parfois en observant l'action de quelqu'un :

> Le résultat de notre enquête sur la question « Pourquoi ? » manifeste ce qui est essentiel à cette forme. Les événements sont typiquement décrits dans cette forme quand on attache à leur description « afin que », ou « parce que » (pris dans l'un des sens de cette locution) : « J'ai glissé sur la glace parce que je me sentais enjoué » [2].

Si nous pensons que l'action est intentionnelle indépendamment de toute description, nous pourrions alors oublier la mise en garde de E. Anscombe contre la tentation de croire que « certains événements que l'on peut caractériser

---

1. E. Anscombe, *L'intention*, trad. fr. M. Maurice, C. Michon, Paris, Gallimard, 2002, p. 145.

2. *Ibid.*, p. 145-146.

comme intentionnels ou non-intentionnels forment un ensemble naturel, et que « l'intentionalité » n'est jamais qu'une propriété supplémentaire que les philosophes devraient essayer de décrire »[1]. Nous pourrions alors également penser que, dans le cas d'actions intentionnelles, il se trouverait *naturellement* dans la tête du sujet qui agit quelque chose pouvant représenter cette *intentionalité* et que cette chose n'existerait pas chez un sujet agissant de manière non-intentionnelle. Pour la suite de notre analyse, nous porterons au contraire un grand intérêt à l'idée d'E. Anscombe selon laquelle « le terme « intentionnel » renvoie simplement à une forme de description d'évènements »[2].

Les intentions du sujet comme description de l'action intentionnelle

Nous avons introduit précédemment le concept d'action intentionnelle en faisant référence à la définition d'E. Anscombe[3] :

> Ce sont les actions auxquelles s'appliquent un certain sens de la question « Pourquoi? ». Ce sens est bien sûr celui dans lequel la réponse mentionne, si elle est positive, une raison d'agir.

Deux remarques préliminaires s'imposent car elles vont délimiter le champ de nos investigations.

La première remarque concerne le sens de la question : « Pourquoi? ». Ce sens, comme l'indique E. Anscombe est celui dans lequel la réponse mentionne, quand elle est positive, une raison d'agir. Mais en aucun cas, il n'est nécessaire que le

1. *Ibid.*, p. 145.
2. *Ibid.*, p. 145.
3. *Ibid.*, p. 45.

sujet donne des raisons d'agir en répondant à la question pour que son action soit intentionnelle. Le sujet peut répondre, par exemple : « Je ne sais pas ». Et cette réponse sous-entend : « Je ne peux vous fournir des raisons mais je comprends votre question : j'aurais pu aussi bien me la poser moi-même ». Cette réponse sous-entend aussi qu'en d'autres circonstances, pour une action similaire, le sujet aurait peut-être trouvé tout de suite des raisons d'agir. La réponse permet d'affirmer que la question « Pourquoi ? » avait un sens à la fois pour le sujet et pour celui qui avait posé la question. Ce qui nous importe avant tout, c'est l'idée qu'une action est intentionnelle lorsque la question « Pourquoi ? » a un sens dans le cadre de cette action. Si ce n'était pas le cas, tout un ensemble d'actions sortirait de l'ensemble des actions intentionnelles. Et notamment celles concernées par notre seconde remarque.

Cette seconde remarque concerne le fait qu'E. Anscombe n'a pas précisé qu'on pouvait attribuer un sens à la question « Pourquoi ? » en se fondant uniquement sur les réponses du sujet interrogé. Même si la question s'adresse à un sujet en particulier, il n'est en aucun cas vrai qu'il peut être le seul à pouvoir décider si la question a un sens ou non dans les circonstances où elle a été posée. Le sujet qui agit n'a donc pas toute autorité pour dire si son action est intentionnelle mais lorsqu'elle l'est, il n'a pas non plus toute autorité pour dire quelles étaient ses intentions :

> Si vous voulez dire quelque chose d'à peu près exact sur les intentions de quelqu'un, une bonne manière d'y arriver sera d'indiquer ce qu'il a effectivement fait ou ce qu'il est en train de faire [1].

---

1. E. Anscombe, *L'intention*, *op. cit.*, p. 42.

Nous voyons que ce qui importe ici n'est pas le vécu que le sujet pourrait éventuellement relater au cours d'un entretien mais la description que peuvent en faire les observateurs. Dès qu'il y a la possibilité de raconter une histoire à peu près crédible dans laquelle l'action du sujet joue le premier rôle, l'action est intentionnelle. Peu importe que le sujet ayant agi accepte l'idée qu'il a été le metteur en scène de cette histoire : il en a été l'acteur. De cela, celui qui raconte l'histoire ne peut en douter, il l'a vécu ainsi en observant le sujet ayant agi. La manière de décrire l'action est donc importante pour connaître le sens de l'action. Mais en disant cela nous donnons l'impression d'affirmer que le sens d'une action est donné de façon unique. Alors que le sens d'une action, comme celui d'une proposition peut être défini par l'utilisation qu'on en fait dans des circonstances données.

Notons que selon la description qu'on fait de l'action, l'utilisation peut sembler différente. Il est donc important de savoir ce qui peut accréditer l'histoire qu'on va raconter lorsqu'on a observé l'action. Si un observateur anticipant sur la réponse d'un sujet adulte ayant un service type basket au tennis de table répond à la question : « Pourquoi ? » en expliquant que la raquette est trop lourde pour le sujet et que c'est pour cela que le mouvement du poignet va de haut en bas, l'histoire paraîtra peu crédible. Trouver des descriptions crédibles équivaut dans bien des cas à trouver les utilisations possibles du comportement moteur qui apparaît au cours de l'action. Et c'est de fait, trouver le sens que peut prendre la situation pour le sujet. En décrivant le service de table type dribble de basket comme une action qui ressemble à un dribble de basket, je comprends le sens de l'action et l'intention qui a *peut-être* été à l'origine de cette action : le sujet fait rebondir sa balle sur la table puisque telle est la règle au tennis de table pour un service. Il paraît donc urgent de s'interroger sur la forme *utile* des descriptions des actions intentionnelles.

Précisions sur la forme des descriptions de l'action intentionnelle

En étudiant l'exemple précédent du tennis de table, on peut croire que la forme utile des actions intentionnelles est culturelle. Tel n'est pas toujours le cas. Ainsi en fournissant des exemples illustrant la classe des descriptions d'actions intentionnelles, E. Anscombe établit que « ce sont toutes des descriptions qui vont au-delà de la physique : on pourrait les appeler des descriptions vitales »[1]. L'auteur précise que « ces descriptions sont toutes à la base au moins animales »[2].

Ces caractéristiques lorsqu'elles apparaissent dans la description de l'action semble, de fait, attribuer un sens à la question « Pourquoi ? » lorsque celle-ci est posée à propos de l'action qui est décrite. Pour nous en convaincre, nous n'avons qu'à penser à des verbes d'actions réalisées par les animaux tels que « fuir, manger, mordre, courir, se tapir, crier… ». Mais E. Anscombe ajoute : « j'ai défini, il est vrai, l'action intention- nelle en termes de langage (notre question « Pourquoi ? »). Introduire des concepts dépendant de celui d'intention en les rapportant à leur application aux animaux peut donc sembler curieux »[3].

Pourtant nous attribuons bien des intentions aux animaux. Pourquoi sommes-nous alors étonnés de cette « animalisa- tion » du concept d'intentionalité ? C'est que nous ne nous sommes pas encore totalement « imprégnés » de l'idée que le sujet qui agit n'est pas un sujet privilégié pour décider de

1. E. Anscombe, *L'intention*, *op. cit.*, p. 147.
2. *Ibid.*, p. 147.
3. *Ibid.*, p. 148.

l'intentionalité de l'action. Si nous acceptons l'idée que tout observateur capable de s'exprimer correctement peut fournir une description donnant un sens à la question «Pourquoi?» lorsqu'elle est posée à propos de l'action décrite, le paradoxe s'évanouit. Car ce qui compte, c'est avant tout le fait que nous pouvons comprendre l'action de l'animal. Si nous avions été à la place de l'animal dans cette situation, nous aurions pu agir de la même manière. Ce type d'action dans ce type de situation semble compréhensible.

La proposition d'E. Anscombe révèle aussi que la description d'action intentionnelle n'est pas totalement coupée d'une description scientifique. Car si les descriptions qui ont la forme des descriptions des actions intentionnelles sont, pour reprendre l'expression du philosophe des «descriptions vitales», alors la biologie, par exemple, doit également comporter des descriptions de ce type. La biologie en décrivant des comportements adaptés à des situations et remplissant certaines fonctions pouvant être vitales fournit également des descriptions d'actions intentionnelles. Ces fonctions peuvent d'ailleurs échapper au sujet qui agit au moment où il agit et un peu moins aux observateurs. Nous ne prenons pas le mot «vital» dans un sens étroit. Nous ne parlons pas seulement de comportements qui provoquent systématiquement la mort du sujet mais de comportements qui, dans certaines situations, peuvent mettre en péril l'intégrité physique ou au contraire lui apporter un réel bénéfice. Dans le cas d'une «frappe kangourou» au volley[1], on comprend assez bien l'intérêt que procure dans certaines circonstances le fait de boxer un objet venant rapidement vers soi. Se protéger, ici, est équivalent à

1. On nomme usuellement ainsi une passe effectuée en boxant simultanément des deux mains le ballon.

renvoyer. On utilise une même motricité pour deux situations différentes.

Dans le paragraphe suivant nous soulignons l'intérêt que présentent deux exemples d'actions intentionnelles.

Le cas où le sujet ne peut répondre à la question :
« Pourquoi ? »

Dans la seconde remarque que nous avons formulée après avoir donné la définition d'E. Anscombe des actions intentionnelles, nous avons écrit que le sujet qui agit ne peut pas avoir un statut privilégié pour dire en quoi son action est intentionnelle. L'argument consiste à insister sur l'idée que l'action est intentionnelle sous une certaine description et que cette description peut être établie par tout personne présente lorsque l'action se déroule. Cette personne peut alors parler à la place du sujet ayant agi pour fournir les raisons de son action, raisons qui avaient totalement échappé au sujet lorsqu'on lui avait posé la question « Pourquoi ? ». C'est ce qui justifie l'idée que les actions pour lesquelles le sujet répond à la question en disant : « Sans raisons particulières ! » sont bien des actions intentionnelles. Elles forment une première sous-catégorie d'actions caractérisées par des réponses telles que : « Je ne sais pas pourquoi je l'ai fait… ». Cette réponse ne signifie pas forcément qu'il y a peut-être une explication causale que l'on ne connaît pas :

> « Je ne sais pas pourquoi je l'ai fait… » est une réponse qui présente un intérêt particulier. Cette réponse va de pair avec « Je me suis vu faire… », « Je me suis entendu dire… », mais elle convient à des actions pour lesquelles une raison

particulière semble acquise sans qu'on en trouve aucune. Elle suggère qu'on est surpris par ses propres actions[1].

Dans le domaine de l'éducation physique on peut constater ce phénomène surtout chez un novice à qui on vient d'expliquer l'intérêt d'agir d'une manière différente. Ce dernier acquiesce et à sa grande surprise reproduit une fois de plus ce qui lui apparaît pourtant clairement maintenant comme la cause de son inefficacité. Dans certains cas, le sujet peut même, devant un échec répété, refusé d'accepter l'idée qu'il continue à reproduire le même type d'action. Mais qu'on soit surpris par ses propres actions n'implique pas qu'elles ne soient pas intentionnelles.

Nous élargissons donc l'ensemble des sujets qui sont en droit de répondre à la question « Pourquoi ? » à tous ceux qui observent l'action. De ce fait, il semble qu'on affaiblit ainsi le paradoxe soulevé par E. Anscombe :

> C'est un cas intermédiaire curieux : la question « Pourquoi ? » a et n'a pas d'application ; elle a une application, au sens où l'on admet qu'elle est appropriée ; elle n'en a pas au sens où la réponse est qu'il n'y a pas de réponse[2].

Sans doute n'y a-t-il pas de réponse pour le sujet au moment où on lui pose la question mais certains observateurs pourraient lui en fournir et ces réponses seraient aussi valables que si c'était l'agent qui les fournissait lui-même. On doit alors admettre que, pour les cas cités, la question « Pourquoi ? » a bien un sens. Comment ce sens peut-il échapper au sujet qui agit alors qu'il est question de son action ? Il y a là, semble-t-il, un paradoxe qu'il est nécessaire de prendre en compte. En un certain sens, les raisons d'agir peuvent être personnelles et en

1. E. Anscombe, *L'intention, op. cit.*, p. 66.
2. *Ibid.*, p. 67.

un autre sens, elles sont impersonnelles : elles sont communes à un certain ensemble d'êtres humains. Vous pouvez agir pour défendre *votre* intégrité physique mais cette action est en un certain sens impersonnelle car nous avons tous en commun de défendre notre intégrité physique.

Le cas où le sujet ne sait pas ce qu'il fait[1]

Notons encore qu'en ne limitant pas au seul sujet agissant l'ensemble des personnes qui sont en droit de répondre à la question « Pourquoi ? », nous pouvons intégrer dans la classe des actions intentionnelles une autre sous-classe, celles des actions où le sujet répond : « Je n'étais pas conscient que je faisais cela ». Pour E. Anscombe, cette sous-classe est à exclure des actions intentionnelles car la réponse est une manière d'affirmer que la question n'a pas de sens. Ceci est incontestablement vrai pour le sujet qui agit. Mais comme nous l'avons déjà affirmé, le sujet peut ne pas être conscient des raisons qui semblent le pousser à agir. C'est à dire que, sous une certaine description, il n'est pas conscient de son action. Mais s'il n'est pas conscient de son action sous toutes les descriptions qu'on lui donne, il peut alors rejeter la question « Pourquoi ? ». Il peut cependant être utile de ne pas laisser le sujet qui agit être le seul à décider si la question a un sens ou non. Pour défendre ce point de vue, essayons de comprendre ce qui nous permettrait de passer d'une situation S_1 où le sujet qui agit répond : « Je n'étais pas conscient d'agir ainsi ! » à une situation S_2 où il répond : « Je ne vois pas de raisons à vous donner ». Dans le cadre de l'éducation physique, ces deux types de situations importent d'autant plus qu'elles se

1. Bien qu'il sache ce qu'il veut faire, devrions nous ajouter.

reproduisent souvent pour un agent qui est en échec dans ses apprentissages. La compréhension des enjeux éducatifs dans une perspective intentionnaliste nous permet dans le paragraphe suivant de cerner quelques sous-classes des actions intentionnelles.

QUELQUES SOUS-CLASSES D'ACTIONS
EN ÉDUCATION PHYSIQUE

Les « actions répétées »

Il nous est nécessaire de préciser ici ce que nous entendons par « *répéter* la même action ». En effet, il est bon de se demander si la pédagogie qui consiste à faire répéter les actions pour améliorer l'efficacité du comportement est aussi facilement réalisable que nous le pensons en général. Ne peut-il y avoir un malentendu entre le sujet qui agit et celui qui « prescrit » la répétition de l'acte ? Comment peuvent-ils se comprendre lorsque l'un et l'autre emploient l'expression « répéter la même action » alors que cette action dont parle le pédagogue semble échapper à celui qui est en train d'apprendre ?

Imaginons un scénario de « dialogue de sourds ».

L'enseignant : « Peux-tu me répéter l'action que tu viens de faire ? ».

L'élève : « Oui ». Et il agit à nouveau.

L'enseignant, mécontent : « Ce n'est pas cette action là que je te demandais de répéter ! ».

L'élève, étonné : « Ah bon ! Mais de quelle action parliez-vous alors ? ».

L'enseignant, irrité : « De celle que tu venais juste de réaliser ! ».

L'élève, perdu : « Mais justement, j'ai essayé de faire la même action ! Comment voulez-vous que je fasse la même action qu'auparavant sinon en essayant d'agir de manière identique ? ».

En fait, on peut se demander si dans un premier temps, l'apprentissage ne se réduit pas à tenter de *savoir ce qu'on fait*, suivant une description qui nous échappe pour l'instant.

Savoir ce qu'on fait en le faisant, pour le refaire ou ne pas le refaire

« Je ne sais pas pourquoi je l'ai fait. » A propos de cette expression, E. Anscombe écrit :

> Quelqu'un peut être tout à fait conscient de ce qu'il fait et utiliser cette expression comme pour dire : « C'est le genre d'actions qui doit avoir une raison ! ». Comme s'il y avait une raison et qu'il regrettait de ne pas la connaître [1].

Ce cas prend un éclairage différent en éducation physique lorsque le sujet répète une même action inefficace en donnant chaque fois la réponse : « Je ne sais pas pourquoi je l'ai fait ! ». C'est un peu comme s'il commettait un même lapsus plusieurs fois sans en comprendre les raisons. Cependant le problème est sensiblement différent en éducation physique. En effet, dans le cas du lapsus ordinaire, le lapsus prend immédiatement un sens pour celui qui parle et pour celui qui écoute [2]. Or, dans le cas du comportement moteur, le sens n'apparaît pas nécessairement tout de suite. Prenons le cas du tennis de table. Si un observateur voit un enfant en train de réaliser un service de type

---

1. E. Anscombe, *L'intention, op. cit.*, p. 67.

2. L'acte de langage qui consiste à dire « Salaud ! » au lieu de « Salut ! » est intelligible immédiatement pour les deux interlocuteurs.

« dribble de basket »[1], il ne le verra pas nécessairement comme un service de type « dribble de basket ». Ce qui est remarquable, c'est que lorsque l'enfant a perçu le sens de son action, il peut néanmoins, à sa grande surprise, persister dans sa manière d'agir, reconduisant ainsi son échec. Ainsi, malgré des raisons évidentes d'agir autrement, malgré la possibilité de faire une action dont la description serait maintenant différente de la précédente, il continue à agir de la même façon.

Reprenons maintenant les deux types de situations S_1 et S_2 évoquées dans le paragraphe précédent. S_1 est la situation où le sujet qui agit répond : « Je n'étais pas conscient d'agir ainsi ! » et S_2 est la situation où il répond : « Je ne vois pas de raisons à vous donner ». Admettons qu'à un instant t postérieur au moment où une situation S_1 se produit, le sujet agit de la même manière qu'en S_1. Le sujet agit de la même manière, au sens où ceux qui l'observent conçoivent que tel est bien le cas et ils sont en droit de lui poser à la question : « Pourquoi as-tu agi ainsi une nouvelle fois ? ». Le sujet peut à nouveau leur répondre ce qu'il a répondu dans la situation S_1 mais l'expérience montre qu'au bout d'un certain nombre de répétitions, le sujet finit par changer de réponse et utilise la réponse de la situation S_2 : « Oui, je suis bien conscient d'agir ainsi mais je ne vois pas de raisons à fournir ». On peut penser que cette évolution est due au fait que le sujet qui agit se place progressivement dans une posture d'observation vis-à-vis de lui-même.

Il serait embarrassant d'utiliser cette évolution du sujet qui agit pour justifier la classification des actions correspondant à la situation S_1 dans celles qui sont non-intentionnelles et les actions correspondant à la situation S_2 dans celles qui sont

1. L'enfant tient sa raquette juste au-dessus de la balle – pour être certain de la faire rebondir sur sa table – un peu comme il frapperait un ballon de basket pour le faire rebondir.

intentionnelles. Car cela signifierait qu'il serait nécessaire d'ajouter quelque chose (ici une observation sur soi-même) à une action non-intentionnelle pour obtenir une action intentionnelle. Or, Vincent Descombes précise un point qui résulte de la conception de l'auteur de l'*Intention* :

> Donner l'intention dans laquelle un agent fait quelque chose, c'est re-décrire (au présent) son action à l'aide d'une description élargie (dans le temps ou bien dans l'espace). Il s'ensuit que, à condition de s'en tenir aux descriptions que l'agent pourrait donner lui-même de son action, dire *ce que fait* l'agent et dire *pourquoi il le fait* sont deux façons de décrire la même chose, le même événement dans l'histoire du monde [1].

Le point de vue adopté dans ce livre nous permet de classer les actions de situation de type de S_1 dans la classe des actions intentionnelles à condition de nuancer de la manière suivante l'affirmation de Vincent Descombes. Le philosophe précise que son affirmation est valable « *à condition de s'en tenir aux descriptions que l'agent pourrait lui-même donner de son action* ». Il est utile de modifier la condition de cette façon : « à condition de s'en tenir aux descriptions que l'agent pourrait ou *pourra plus tard* lui-même donner de son action ».

En effet, on peut par exemple imaginer que le sujet soit filmé et qu'on lui montre son action tout en la commentant par une description. Il est possible qu'alors le sujet accepte de tenir cette description pour valable. Ceci nous place donc, de fait, maintenant dans une situation de type S_2 alors que nous étions dans une situation de type S_1 avant le film. Si nous n'acceptons pas cette idée, alors cela sous-entend que la classe des actions intentionnelles n'est pas définie uniquement sous une certaine description mais qu'elle dépend d'un événement qui se

---

1. V. Descombes, Préface à E. Anscombe, *L'intention*, *op. cit.*, p. 16.

produirait au moment de l'action dans le sujet, événement qui n'aurait pas lieu dans le cas d'une action non intentionnelle. Si nous n'imaginons pas que le sujet puisse changer d'avis pour fournir une réponse à la question : « Pourquoi ? » pour une même action, alors nous donnons l'impression que ce qui importe pour donner un sens à la question, c'est, soit l'état intrinsèque dans lequel se trouve le sujet au moment où il termine son action, soit le vécu du sujet pendant son action. Dans le premier cas, nous nous confrontons aux difficultés engendrées par le modèle causal de l'action, et dans le second cas nous accréditons le modèle phénoménologique alors que nous tentons de résister à l'idée que le sujet a une position privilégiée pour dire si son action est intentionnelle ou non.

Il nous semble qu'une bonne manière de réduire l'attrait de ces deux modèles est de considérer qu'on ne peut pas qualifier l'action comme étant intentionnelle en nous déterminant sur ce point dans un laps de temps qui correspondrait à la seule durée de l'action. Comme l'écrit Vincent Descombes, pour préciser le point de vue de l'auteur de l'*Intention*, « l'analyse qui permet de comprendre en quoi une action est intentionnelle ne doit pas être une analyse mentaliste (comme si le concept d'intention servait à décrire un état interne de l'agent) mais une analyse *historique* ou biographique (ce concept décrit la conduite d'un agent dans le contexte de ses activités passées et de son milieu historique de vie). »[1]

En mettant en évidence une dimension temporelle du concept d'intentionalité de l'action différente de celle d'une théorie causale ou d'un modèle phénoménologique, nous affaiblissons la pertinence de ces deux conceptions lorsqu'elles tentent de rendre compte de l'intentionalité de l'action. Que ce soit dans le modèle causal ou dans le modèle

1. *Ibid.*, p. 15.

de la phénoménologie, il y a un certain laps de temps qui est crucial dans le déroulement de l'action : celui où se produit la cause pour le modèle causal et celui pendant lequel le sujet a un certain vécu de son action pour le modèle de la phénoménologie. Or, si on accepte l'idée que l'action est intentionnelle en vertu du fait qu'elle est un exemplaire d'une classe définie par certaines descriptions de cette action, il n'est plus possible d'accorder de l'importance au fait qu'*on peut voir* se dérouler quelque chose de l'action pendant *un certain laps de temps*. L'idée que l'action est assimilable à un processus qui se déroule selon un axe linéaire est à rejeter.

Une manière d'insister sur ce point est d'affirmer que le concept d'action ne peut pas être défini par l'idée selon laquelle l'action ne serait que ce *qu'on peut en voir*. L'action est tout ce *qu'on peut en dire*. La différence entre ces deux manières de définir une action introduit une évolution en matière de temporalité. En effet, ce qu'on peut voir d'une action est localisable dans le temps. Or il n'y a pas de moment privilégié pour dire quelque chose de correct d'une action. Cette différence de temporalité rend compte de la symétrie qui doit exister entre celui qui agit et ceux qui l'observent. Le sujet qui agit ne peut pas être l'arbitre décidant si son action doit être « saucissonnée » temporellement de manière à accorder plus d'importance à une partie de celle-ci plutôt qu'à une autre. *Aujourd'hui ou plus tard*, le sujet peut se rendre compte qu'il devait bien avoir certaines raisons d'agir ainsi et accepter alors l'idée que la question « Pourquoi ? » avait un sens. Ce changement d'avis du sujet ne doit pas faire passer l'action d'une classe à une autre. Or, si cette classe est celle des actions non intentionnelles, cela signifie qu'il manquait quelque chose à l'action, au moment où elle a eu lieu, pour être intentionnelle : en l'occurrence, ici, le vécu du sujet qui se rend compte *d'une certaine manière* de ce qu'il fait. Mais cela n'est pas acceptable car se rendre compte *d'une certaine manière* de ce qu'on fait est quelque chose qui *concerne* l'action mais qui n'en fait pas partie. S'il n'en allait pas ainsi, les observateurs, en décrivant l'action, devraient aussi pouvoir décrire aussi le fait que le sujet se rend compte *d'une certaine manière* de ce qu'il fait.

Ce qui importe, ce sont toutes les descriptions qui peuvent rendre intelligible le comportement moteur du sujet qui agit. Ce sont elles qui doivent nous permettre de ranger dans la classe des actions intentionnelles certaines actions. Il est donc nécessaire de s'interroger sur ce qui rend intelligible le comportement moteur du sujet et sur ce qui lui échappe en partie. Cela doit nous permettre de lever une ambiguïté sur l'affirmation selon laquelle nous devons faire une biographie du sujet pour nous aider à comprendre en quoi son action est intentionnelle ou pas. Il serait en effet étrange d'affirmer d'une part que le sujet n'est pas en position privilégiée pour déterminer en quoi son action est intentionnelle et que d'autre part nous fassions dépendre cette détermination de quelque chose sur laquelle le sujet semble avoir toute autorité : sa biographie. Il nous est donc nécessaire de comprendre en quoi la biographie d'un sujet ou l'analyse historique de ses actions peut en partie lui échapper.

Pour comprendre cet enjeu, il faut se souvenir que lorsque nous faisons quelque chose, par exemple servir réglementairement au tennis de table en projetant la balle de haut en bas avec la raquette, nous n'avons pas nécessairement en tête la pensée : « si je frappe ma balle de haut en bas, elle touchera d'abord ma table et mon service sera réglementaire ». Et d'autre part, dans le cas où quelqu'un nous demanderait les raisons de notre action, (il nous demanderait d'expliquer pourquoi nous avons agi précisément de cette manière pour servir), nous pourrions répondre (comme si nous étions un peu surpris par la question) : «Eh bien, je ne vois pas vraiment de raisons précises ! ».

Or, ce qui importe, ce n'est pas que le sujet qui agit dise qu'il ne sait pas s'il y a une histoire aussi précise que celle à laquelle pense l'observateur, c'est que cette histoire que propose l'observateur soit, dans une mesure, crédible. C'est à dire qu'il aurait pu fort bien en être ainsi. D'ailleurs, dans de nombreux cas, nous ne prenons même pas la peine d'interroger le sujet car nous pensons connaître aussi bien que lui les raisons de son action. Cette absence de questionnement signifie qu'à sa place, nous aurions agi comme lui. Parfois même, il convient de considérer que nous sommes mieux placés que le sujet qui agit car nous pouvons observer les conséquences de son émotion, de ses sentiments sur son comportement. Nous pouvons alors d'autant mieux comprendre son comportement que, par empathie, nous comprenons ses sentiments, ses émotions sans toutefois en subir les effets, parfois perturbant, qui en résultent. Ces sentiments qui semblent constituer les catalyseurs de l'action empêchent aussi parfois l'agent de conserver la lucidité nécessaire pour construire une histoire aussi précise que celle de l'observateur. Et c'est là une vertu, sans doute un peu oubliée, de la répétition des situations d'apprentissage. En dédramatisant les situations par *leur répétition*, on permet également au sujet qui agit d'échapper à l'emprise du vécu immédiat. Mais il nous est maintenant nécessaire de préciser ici ce que nous entendons par « *répéter* la même action ».

Comment savoir qu'on refait la même action ?

Il peut paraître étrange de nous intéresser à l'idée de ce que signifie «refaire la même action» alors que l'éducation physique doit inciter le plus souvent celui qui apprend à créer une rupture dans son comportement. La raison provient du fait qu'on constate que les résistances à l'apprentissage sont constituées souvent par des actions inefficaces qui se reproduisent fréquemment. L'idée est donc d'essayer de comprendre en quoi une action qui se répète est différente d'une action nouvelle. Dans le cadre de l'apprentissage, il est important que l'enfant soit capable de faire un geste en saisissant à quelle action correspond ce geste dans le cadre de l'activité qu'on lui enseigne. Car il n'y a qu'à ce moment précis qu'il saura ce qu'il fait et qu'il saura le reproduire à *bon escient*.

Partons de l'idée qu'une action qui se répète est assujettie aux mêmes contraintes logiques qu'une pensée : on ne peut savoir si nous avons pensé de manière identique à des moments différents que si nous pouvons étudier *le sens* des différentes *expressions* de notre pensée. Mais montrer ou même comparer les différentes expressions de ce que vous avez dit (ou fait) en étudiant un enregistrement de vos paroles (ou le film de votre action) ne suffit pas à déterminer le sens de vos pensées (ni celui de vos actions). En réalité, l'expression « *refaire la même action* » n'a pas de sens précis tant que nous n'ajoutons pas la description sous laquelle nous présentons l'action à répéter. Sans doute notre vie quotidienne nous induit ici en erreur. Car il n'y a guère de doute ce qu'il convient de faire au quotidien lorsqu'une personne nous demande de recommencer ce que nous venons de faire. Mais il n'en va pas ainsi dans le cadre de l'éducation physique car nous recyclons tout un ensemble de gestes de notre vie ordinaire pour agir d'une manière nouvelle dans un contexte nouveau.

Faire la même action doit être donc ainsi compris : « c'est agir sous une certaine description qui est, pour les personnes qui voulaient revoir la même action, *en gros* la même que celle qui a été réalisée précédemment ». Le désaccord qui existe parfois entre un enfant et un éducateur lorsqu'ils parlent de l'action de l'enfant résulte de ce fait : l'enfant se fie à son intention *de faire la même action* alors que l'éducateur compare les actions réalisées à l'aide des descriptions qu'il peut en donner. Il est même des cas d'activité physique où l'élève, ayant l'intention et le sentiment d'avoir réalisé la même action ne comprend pas pourquoi le résultat de son action est jugé différent. En fait on peut observer que de nombreux élèves sont incapables de décrire ce qu'ils font, que ce soit de manière correcte ou non d'ailleurs. Imaginez cette scène : nous disons à un élève que nous allons regarder comment il sert au tennis de table pour comparer ce qu'il fait à ce qu'il doit faire. L'élève sert devant nous. Ensuite, à la question « Qu'as-tu fait ? », il répond juste : « Eh bien, ça ! ». Et lorsqu'on insiste auprès de l'élève en lui demandant de *dire* ce qu'il a fait, il se montre juste capable de *montrer* ce qu'il a fait. Le problème qui se pose à lui, c'est qu'il n'a pas la capacité de décrire ce qu'il fait et donc il ne sait pas ce qu'il fait. Dans certains cas il ne serait pas exagéré d'affirmer que l'élève confond le sens de « décrire » avec celui de « montrer ».

Or la différence notable entre « montrer » et « décrire » tient au fait que la description peut rendre compte du contexte alors que l'acte de montrer peut fort bien être se dérouler sans situer ce qui est montré dans des circonstances particulières. « Battre le gardien à l'entraînement » et « marquer un pénalty devant cinquante mille personnes » sont des actions qui peuvent se présenter de manière identique dans un film. Et pourtant la description de ces actions fera apparaître, grâce aux contextes de jeu, qu'il existe bien une nette différence entre elles. Seul le contexte détermine le sens de paroles prononcées et des actions. Et cette détermination ne peut apparaître dans un enregistrement. Cette détermination tient à l'arrière-plan culturel de ceux qui sont placés dans le même contexte. Une *analyse* de ce qu'ont pu apprendre le sujet qui agit et ceux qui l'observent est donc nécessaire.

Si nous admettons que «répéter les mêmes actions» consiste à agir plusieurs fois avec comme résultat des actions qui se présentent sous une même description dans des circonstances équivalentes, il convient maintenant de s'interroger sur la manière dont le sujet comprend les circonstances dans lesquelles il agit afin de savoir pourquoi il agit de la même manière.

L'idée que nous défendons est la suivante : en établissant que certaines circonstances sont équivalentes pour le sujet, nous comprendrons plus facilement pourquoi le sujet agit de manière identique. Mais à quoi tient cette équivalence ? De l'histoire du sujet, pouvons-nous répondre. Il s'ensuit une sorte de circularité qui n'est pas qu'apparente : le sujet agissant donne du sens à la situation qu'il est en train de vivre et réciproquement, la situation donne du sens à l'action. Cette circularité tient au fait que le sens n'existe que dans une relation dyadique entre le sujet et son environnement. Le sens est le reflet de cette relation comme l'image dans le miroir est le reflet d'un sujet dans un miroir. Nous pouvons aller un peu plus loin dans cette analogie : le sujet se perçoit en acte dans la situation qu'il vit. Le sens qu'il donne à la situation dans laquelle il se trouve, c'est son propre reflet. L'apprentissage consiste alors à faire agir le sujet non pas dans une relation dyadique mais triadique grâce à l'intervention de l'enseignant qui a pour tâche de modifier ce reflet. Un point important de l'éducation physique est donc de faire en sorte que le sujet qui agit accède à une analyse de ses actions.

Comprendre les circonstances et les descriptions pour ne plus refaire la même action

Si « répéter la même action », c'est agir plusieurs fois avec comme résultat des actions qui se présentent sous une même description dans des circonstances équivalentes, alors « agir différemment » peut conduire simplement à agir de manière à ce qu'on fait se présente sous une autre description dans des circonstances équivalentes.

Cette évidence est masquée très souvent dans le cadre des apprentissages. En effet, dans « un dialogue de sourds » inverse de celui que nous avons proposé en introduction au paragraphe sur les « actions répétées », un élève peut très bien défendre l'idée qu'il fait quelque chose de différent *puisqu'il a l'intention* de faire quelque chose de différent. Et bien entendu l'enseignant peut refuser de lui donner raison en arguant du fait que la même description, *en gros*, peut encore être faite de son action.

En d'autres termes, le sentiment et l'intention qu'a un agent de faire une autre action constituent parfois des freins à l'apprentissage car il incite l'agent à négliger les descriptions que les observateurs qualifiés peuvent faire de son action pour la lui faire (re)connaître. Cette négligence est explicable par l'opacité des raisons qui expliquent les actions. Certains contenus de l'apprentissage visent donc à faire en sorte que l'enfant tente de répéter son action sous une certaine description. Il doit distinguer *l'intention de* faire une action des *raisons qu'il peut avoir en* faisant l'action. Ceci doit permettre de lui rendre familière son action sous une certaine description. A la fin de cet apprentissage, il pourra alors penser à propos de son action : « si je fais X, alors il se produit Y ». Il sera donc en mesure de répondre à la question « Pourquoi ? » autrement que par « Je ne sais pas ». Il pourra par exemple citer la production de l'évènement Y comme raison de son action. L'agent concevra différemment ses actions en identifiant ce qu'elles modifient dans son environnement. Or Elisabeth Anscombe affirme :

> Si répondre à la question : « Pourquoi ? » en indiquant un état de choses futur a un sens, il s'agit de l'expression d'une intention [1].

L'apprentissage décrit ci-dessus permet donc à un élève de modifier l'expression de ses intentions en découvrant certaines raisons qu'il a d'agir ainsi qu'il le fait. Le philosophe ajoute, par ailleurs, que « l'état de choses futur mentionné par l'agent dans sa réponse à la question « Pourquoi ? » doit être tel que nous comprenions que l'agent pense que son action le provoquera » [2]. Et ce qui importe en EPS, c'est que le sujet, *en agissant*, perçoive son action sous une description qui lui permet d'entrevoir quel état futur elle provoquera. Il peut croire à ce qu'on lui dit (parce qu'un enseignant lui a dit) tout en agissant sans se conformer à ses croyances. Si vous affirmez à un élève qu'il est nécessaire d'amortir un peu le ballon en volley pour mieux le diriger, il vous croira probablement et il vous croira aussi lorsque vous lui dites que ce n'est pas ce qu'il fait. Et pourtant ses actions futures ne traduiront pas nécessairement ses croyances. Pour que l'intention puisse traduire le résultat d'un apprentissage, elle ne doit pas être seulement *une intention de* faire mais également *une intention en* faisant et cette intention doit se voir dans l'action. *L'intention de* faire quelque chose peut ne pas apparaître du tout, quelle que soit la manière dont est décrite l'action. L'élève peut avoir l'intention d'amortir le ballon sans que cela se traduise dans son action. Un des enjeux majeurs de l'apprentissage en EPS consiste à

---

1. E. Anscombe, *L'Intention*, *op. cit.*, p. 79.
2. *Ibid.*, p. 80.

faire en sorte que l'enfant puisse montrer et même découvrir, grâce à son action, ses propres croyances.

D'autre part il apparaît que concevoir et réaliser son action sous une description fournie par l'éducateur permet à l'enfant de considérer la relation à l'éducateur autrement que comme une relation simplement subie. L'apprenant découvre ses propres actions et de ce fait se perçoit bien plus acteur de ses propres actions. En effet, dans le domaine de la motricité, l'échec peut donner l'impression d'être muré dans son propre corps. Par conséquent, le but de l'apprentissage est de faire en sorte *qu'en agissant*, il soit capable de reconnaître son action sous une description qui lui échappait. De cette manière, il peut alors accepter l'idée que c'est bien lui qui agit de la façon décrite par l'enseignant. Le fait de se voir agir *sous cette description* lui permettra également, *avant d'agir*, de se préparer à agir *sous cette description*. Mais quel sens devons-nous donner à l'expression « avant d'agir » ?

Les « actions ponctuées »

Le fait de savoir quand commence une action et quand elle finit pendant qu'on agit est important pour savoir de quoi on parle lorsqu'on essaie de faire comprendre à un élève ce qu'il est en train de faire. Ce « séquençage du film » des actions permet d'identifier clairement ce qui est fait et ce qu'il est nécessaire de transformer. Chaque action est une entité dont on peut parler avec l'élève sans ambiguïté. Mais est-il si facile de savoir quand commence une action et quand elle finit ? Cette question paraît avoir un rapport avec la différence qu'Elisabeth Anscombe établit entre « l'intention qu'on a de faire quelque chose » et « l'intention qu'on a en faisant quelque chose » [1].

Il est des actions où communément cette question du début et de la fin ne se pose pas : « prendre un verre », « se lever », etc., sont de telles actions. En les observant, on découvre le début et la fin de l'action sans qu'il puisse y avoir de doute. *L'intention* qu'on a *de* « prendre un verre » est, elle aussi, « transparente » lorsqu'on voit l'action se dérouler. En revanche, *l'intention* qu'on a, *en* prenant le verre, est « opaque » pour l'observateur. Vous pouvez avoir *l'intention de* masquer une gêne en présence de quelqu'un *en* prenant votre verre pour vous absenter momentanément d'une conversation embarrassante. Vous pouvez aussi avoir l'intention de faire tomber ce verre pour vous absenter un peu plus que momentanément de la conversation. Dans ce dernier cas, le début de l'action caractérisée par l'intention de prendre votre verre est toujours aussi apparent mais où se situe la fin de l'action ? Voici une manière de répondre utilement à la question : *on peut faire coïncider la fin de cette action avec le début d'une autre*, celle caractérisée par l'intention de faire tomber votre verre.

Cependant une objection peut être formulée à l'encontre de cette proposition. On pourrait considérer qu'il y a encore une intention de prendre le verre quand il y a l'intention de faire tomber le verre. Il est vrai que nous aurions pu choisir un exemple où *l'intention de faire* ne se serait pas opposée à *l'intention en faisant* et cette première objection n'aurait pas existé. Mais en fait cette apparente contradiction va servir notre argumentation. Car c'est aussi ce qui apparaît souvent dans les résistances rencontrées dans l'apprentissage moteur : un élève peut très bien avoir *l'intention d'amortir* le ballon de

1. E. Anscombe, *L'Intention, op. cit.*, p. 42.

volley arrivant sur lui pour mieux le contrôler et avoir une *intention de le repousser en* le frappant. De fait, pour cet élève, les deux intentions s'opposent et le résultat est une passe-kangourou (projection violente et sans contrôle des deux mains sur le ballon, comme pour le boxer).

Nous admettrons donc cette proposition : pour définir le périmètre d'une action, il est utile de connaître le début des actions en découvrant les intentions qui sont à leur origine. Or, si certaines actions telles que « prendre son verre » sont suffisamment simples pour que cette proposition convienne parfaitement, certaines actions sont liées à d'autres par les intentions qui sont à leur origine. Ces actions constituent des « sous-actions » d'une action dont l'existence doit son origine à une intention plus générale. Prenons l'exemple de « l'intention de partir en vacances ». De nombreuses « sous-actions » vont être en lien avec l'action de faire en sorte de partir en vacances. Le problème que nous posons ici est celui du séquençage d'une action en plusieurs « sous-actions ».

Cette opération est-elle possible autrement qu'en « saucissonnant » spatialement un geste en sous-gestes ? Cette décomposition de l'action en tranches qui est utilisée dans tous les milieux sportifs (surtout depuis l'apparition des moyens de vidéo) n'est pas satisfaisante. Mais on peut échapper à cette perspective réductionniste en liant la problématique du séquençage à la dimension intentionnelle de l'action.

Le séquençage des actions

Revenons à ce que dit E. Anscombe pour préciser ce que sont les intentions de quelqu'un :

> Eh bien, si vous voulez dire quelque chose d'à peu près exact sur les intentions de quelqu'un, une bonne manière d'y arriver

sera d'indiquer ce qu'il a effectivement fait ou ce qu'il est en train de faire [1].

Reprenons l'exemple précédent de la personne qui veut masquer sa gêne : il est possible de décrire d'abord l'action du sujet comme celle de quelqu'un qui souhaite prendre un verre et nous pouvons aussi décrire, à un autre moment, l'action de cette personne comme celle d'un sujet qui fait tomber un verre. Or, il n'y a aucune différence entre une description de l'action d'un sujet faisant tomber par maladresse son verre (alors qu'il veut s'en saisir réellement) et la description de l'action d'un sujet voulant faire tomber son verre en faisant semblant de le prendre. Il n'y a pas de différence de description si le sujet agissant est assez habile pour masquer sa véritable intention. Si le sujet est assez habile, il est le seul à pouvoir faire une distinction entre ces deux types d'action (intentionnelle et accidentelle). S'il peut le faire, c'est qu'il a *ponctué* son action à un instant donné. A un instant donné, il s'est sans doute dit quelque chose du genre : « maintenant, je ne ralentis pas ma main qui se dirige vers mon verre » ou bien « maintenant que j'ai pris mon verre, je relâche légèrement mes doigts ». Ces deux phrases ponctuent l'action qui consiste à faire semblant de prendre un verre et le faire tomber. Cette ponctuation découpe l'ensemble de l'action en deux actions. L'une commence où l'autre finit. Cette ponctuation est visible lorsque le sujet ne se montre pas très habile pour masquer son intention. Il peut par exemple, avoir « forcé » sur la deuxième action. Une même action peut donc être réalisée avec séquençage ou non. Cela dépend de la « mobilisation intentionnelle » de l'agent. Cette mobilisation intentionnelle est une des clefs de l'apprentissage en éducation physique.

1. E. Anscombe, *L'Intention*, *op. cit.*, p. 80.

C'est en effet ce qu'on doit demander à un élève en échec dans un apprentissage moteur : exagérer de manière à faire apparaître cette ponctuation. Par exemple, on peut demander à un enfant qui a une frappe-kangourou au volley de freiner le ballon jusqu'à l'arrêter. Cette forme d'exagération conduit à être encore inefficace et même sans doute plus qu'auparavant si on s'en tient à la performance (l'arrêt du ballon en volley est d'ailleurs systématiquement sanctionné par l'arbitre). Mais, il est indéniable que l'enfant est alors en plein apprentissage. Il fait l'effort de se transformer et il peut évaluer de manière visible le résultat de cet effort.

Que devons-nous penser des cas où cette ponctuation n'apparaît pas ? On peut en distinguer plusieurs types. Reprenons l'exemple de quelqu'un qui veut masquer sa gêne en faisant tomber son verre pour distinguer ces cas :

– cas où l'action est ratée : le verre ne tombe pas.

– cas où l'action est réussie :

a) il y a eu ponctuation par le sujet,

b) il n'y a pas eu ponctuation.

Dans le premier cas et le troisième cas, nous ne devons plus décomposer l'action en deux séquences : celle où le sujet ferait semblant de prendre le verre puis celle de le faire tomber en masquant son intention. On peut émettre l'idée que le sujet a simplement eu l'intention de prendre son verre en masquant son intention de le faire tomber et non pas de faire semblant de le prendre puis de le faire tomber en faisant en sorte qu'on pense que c'était accidentel. La différence entre les deux actions tient à la différence de stratégie du sujet. Dans le cas où il n'y a pas de ponctuation de l'action par une intention de faire tomber le verre en pleine action de le prendre, le sujet a décidé de faire *en gros* comme s'il allait le prendre pour essayer de le faire tomber tout en masquant son intention. Il s'agit de faire comme d'habitude lorsqu'on prend un verre mais sans que l'action soit efficace.

C'est un peu comme si vous vouliez mal rendre la monnaie sans que cela se voie : vous n'avez pas besoin de faire le bon calcul pour ensuite (bien) rendre mal la monnaie. Vous avez juste besoin de faire approximativement le calcul et de rendre approximativement les pièces. Supposez, en revanche, que la monnaie à rendre était de quelques centimes et que vous rendez un billet de vingt euros. La personne à qui vous rendez la monnaie vous regardera avec étonnement, sans bien comprendre quelle est votre véritable intention : tester son honnêteté, la surprendre, l'amuser, … Dans ce cas précis, la proposition de E. Anscombe selon laquelle, « en gros, l'intention d'un homme, c'est son action » [1], n'est pas acceptable car la *véritable* intention de l'homme est masquée par la forme de son action.

Ponctuation intentionnelle et apprentissage

Dans un apprentissage moteur, il est utile de faire la distinction entre les élèves qui ponctuent de manière visible leurs actions et les autres élèves. Cette ponctuation marque un stade de l'apprentissage, une transformation visible du sujet. Mais un autre stade de l'apprentissage est repérable par cette impression visuelle que le sujet fait *en gros* une action qui ressemble à ce qu'on lui demande et non pas à ce qu'il faisait précédemment. Ce type d'action coïncide très bien avec celui qui est clairement visé par E. Anscombe dans la proposition que nous venons de citer. Ce stade peut parfois correspondre à une diminution de la performance. En passant d'un service au tennis de table de type dribble de basket à un service type

1. *Ibid.*, p. 92.

ricochet, le sujet peut souvent rater la table, en frappant sa balle. Le geste d'un enfant peu compétent mais en pleine transformation ressemble beaucoup à celui d'un enfant compétent, avec la réussite en moins. En revanche, lorsque l'enfant réussit son service, il est nettement plus performant qu'auparavant. En d'autres termes, il réussit moins souvent son service qu'avant, mais lorsqu'il le réussit, c'est une sorte de Jackpot : en général, il gagne le point car son service est plus difficile à renvoyer qu'avant. L'inefficacité de l'enfant n'est plus due au fait que le sens de son action ne correspond pas à l'activité qu'il pratique (une activité duelle où il faut battre son adversaire et non pas jouer avec lui) mais à un simple rapport statistique entre le nombre de fois où il réussit son action et le nombre de fois où il la rate. Nous changeons alors de stade d'apprentissage : il ne s'agit plus de donner un autre sens à la motricité de l'enfant mais de faire en sorte qu'il puisse répéter un type d'action de manière à ce que les statistiques s'améliorent.

Nous considérons donc qu'une action ponctuée est en fait une action qu'on peut décomposer en deux actions alors qu'une action réalisée *en gros* est une action dont le sens fait référence, par analogie, à une autre action. Cette action réalisée *en gros* est mise en œuvre comme si on lançait une fléchette. Une fois déclenchée, l'action semble vivre sa propre vie : elle n'est plus vraiment notre action. Ce point nous paraît remarquable pour différencier ces deux formes d'action : l'action ponctuée nécessite « la présence » du sujet au moment de la ponctuation alors que l'action faite par analogie semble éviter à son auteur la désagréable impression qu'on peut lui imputer des responsabilités qu'il ne souhaite pas endosser. Lorsque vous faites quelque chose *en gros*, vous pouvez plus facilement refuser une description élargie de ce que vous faîtes.

De manière à mieux faire ressortir la différence entre la forme d'une action *ponctuée* et la forme d'une une action réalisée *en gros*, nous allons l'étudier sur l'exemple du tir au hand-ball.

Application au hand-ball

Certains enfants débutant en hand-ball (et bien d'autres d'ailleurs) lancent le ballon le plus fort possible sur le gardien pour tenter de marquer un but. C'est une sorte de contre-sens avec la pratique du hand-ball qui consiste à faire en sorte que le gardien ne touche pas la balle. On peut émettre l'hypothèse suivante : pour ces enfants ayant d'abord commencé l'activité d'un jeu de ballon par le jeu de passe, battre le gardien équivaut à faire une passe trop forte, une passe à un joueur qui ne doit pas pouvoir l'attraper. Marquer un but, c'est donc, *en gros et par analogie*, faire une passe ratée, une passe trop forte. Le changement de motricité qui doit se produire peut se traduire ainsi : le gardien n'est pas un joueur, il ne doit jamais toucher le ballon, quitte à rater les cages. C'est là un changement de comportement très difficile pour certains enfants : la résistance ressemble beaucoup à une mauvaise habitude, qu'ils ne peuvent avoir puisqu'ils débutent le hand-ball. Un moyen d'éliminer rapidement ce comportement est de leur donner un autre but que celui de marquer. En leur demandant de faire comme si leur intention était de tirer sur le poteau, les gardiens touchent moins de ballons et le nombre de buts marqués augmente. Notons ici que la forme de l'action est la même que celle utilisée lorsque l'enfant tirait sur le gardien : *en gros*, il tente de tirer dans le poteau. Il ne ponctue pas son action par une autre intention que celle que celle de faire *en gros* quelque chose.

On peut remarquer que c'est également cette forme d'action qu'utilisent les sujets très doués dans une activité sportive. Lorsqu'on leur demande comment ils agissent pour obtenir autant de réussite, il est fréquent qu'ils ne parviennent pas à formuler autre chose qu'une banalité. Un joueur de tennis qui est capable de jouer des coups droits fabuleusement croisés en retour de service peut tout juste vous dire : « Je frappe la balle bien devant moi ! ». Mais c'est déjà ce qu'on dit au débutant, ce n'est donc pas à une information sensationnelle. Et leur réponse révèle souvent qu'ils ne ponctuent pas leurs actions. Ils ne font pas deux actions en une seule, ils agissent eux aussi *en gros* mais avec une efficacité redoutable. Leur vitesse d'exécution ne leur laisse pas le temps de dédoubler l'intention de l'action. Pourquoi alors chercher à ponctuer l'action chez les joueurs moins doués ?

Avant de répondre à cette question, notons qu'il y a un cas que nous n'avons pas encore envisagé : celui où l'action est ponctuée et réussie mais sans que la ponctuation se voie. C'est un stade de l'apprentissage qu'il est important de cerner. Reprenons l'exemple du tir au hand-ball. Lorsque l'enfant a appris à se diriger vers un poteau et à tirer vers ce poteau, le gardien comprend immédiatement qu'il doit lui aussi se diriger vers le poteau. L'élève doit donc apprendre à se diriger vers un poteau, *en gros*, comme s'il allait tirer dedans et ponctuer cette action par une intention de tirer à l'opposé de la direction qu'il a prise en courant. Rien n'indique jusqu'à l'instant où il déclenche son tir qu'il a l'intention de tirer à l'opposé. Ainsi, si l'intention de marquer semble inscrite dès le début de l'action, l'intention de tromper le gardien en marquant ne peut se voir qu'une fois l'action quasiment terminée. Cependant tout observateur est en droit de se dire que le début du tir marque une seconde action par rapport à l'action qui avait débuté par la prise d'élan du tireur. De fait, ce n'est pas vrai chez les débutants car ils agissent *en gros*. L'intention qui caractérise l'action n'est qu'une intention de marquer en faisant quelque chose par analogie. L'action est déclenchée comme on lance une fléchette. Lorsque l'enfant a appris à tromper le gardien, il superpose à son intention de marquer une intention de faire autre chose en essayant de marquer. Il réalise, du point de vue de l'enseignant, deux actions successivement. Du moins l'enseignant est en droit de le penser s'il n'observe pas un handballeur de haut-niveau.

Dans ce dernier cas, l'intention du tireur est simple : il s'agit, depuis le début de l'action, de tromper le gardien. Il n'y a plus de première ou de seconde action. Il retarde au maximum son action de tir de manière à ce que son comportement n'indique pas son intention au gardien. La spécificité du joueur de haut niveau le porte à réduire l'espace temporel entre voir et agir. Il voit l'action qui va permettre de marquer le but en même temps qu'il déclenche cette action. Voir, c'est déjà marquer à ce niveau de pratique. La situation impose l'action dans une sorte d'évidence qui supprime les ponctuations et les intentions de faire *en gros*, les suppositions du genre « Si je fais.., alors… ». Dans l'action d'un joueur de très haut niveau, le futur semble déjà présent. Il s'agit pour lui de faire ce qui va être fait et non ce qu'il doit faire. A la posture de Zidane lorsqu'il frappe, avec la lecture du début de la trajectoire du ballon, le spectateur avisé sent que l'action n'a pas été faite *en gros* mais exactement comme il faut pour être efficace. Une anecdote datant de la coupe du monde de football de 1966 exprime assez bien ce fait. Pendant cette coupe du monde, un commentateur déclara devant une frappe exceptionnelle de Pelé : « Pelé a marqué un but en pleine lucarne que le gardien a arrêté ». Cette phrase paradoxale reflète bien ce qui nous touche chez les joueurs prodigieux : par leurs actions, ils voient le futur avant les autres. Mais cette fois-ci Pelé et le gardien avaient vu en même temps le futur.

TEXTES ET COMMENTAIRES

TEXTE 1

L. WITTGENSTEIN
Remarques sur les fondements des Mathématiques *

§ 32, p. 273-274

Quel est le caractère public qui appartient essentiellement à l'existence d'un jeu, au fait qu'un jeu peut être inventé ?

Quelles sont les circonstances requises pour que quelqu'un puisse découvrir les échecs (par exemple) ?

Je pourrais bien sûr inventer aujourd'hui un jeu sur tablette auquel on n'aurait jamais véritablement joué. Je le décrirais simplement. Mais cela n'est possible que parce qu'il existe déjà des jeux analogues, c'est-à-dire par ce qu'on joue déjà à des jeux analogues.

L'on pourrait aussi demander : « la régularité est-elle possible sans répétition ? »

Je peux certes donner aujourd'hui une nouvelle règle qui n'a jamais été appliquée et que cependant on comprend. Mais cela serait-il possible si jamais une règle n'avait été effectivement été appliquée ?

* L. Wittgenstein, *Remarques sur les fondements des Mathématiques*, trad. de l'allemand par M.-A. Lescourret. Paris, Gallimard, 2009. Edition en allemand publiée chez Basil Blackwell, 1956.

Et si l'on dit maintenant, « l'application dans l'imagination ne suffit-elle pas ? ». La réponse est : non – (possibilité d'un langage privé).

Un jeu, un langage, une règle sont une institution.

§ 42 p. 281

Considérons des règles très simples. L'expression de la règle serait une figure, par exemple : |--| et l'on suit la règle en dessinant une série rectiligne de semblables figures (un peu comme un ornement). |--||--||--||--||--|

Dans quelle sorte de circonstances dirions-nous que quelqu'un donne une règle en inscrivant de semblables figures ? Dans quelles circonstances dirions-nous que quelqu'un suit cette règle en dessinant cette série ? Cela est difficile à décrire.

Si de deux chimpanzés l'un trace la figure |--| dans la glaise et que l'autre inscrive par-dessus la série |--||--| etc., alors le premier n'aurait pas donné de règle et le second ne l'aurait pas suivie, quoi qu'il se soit produit à ce moment-là dans l'âme de chacun.

Mais si l'on observait par exemple le phénomène d'un mode d'enseignement, de la démonstration et de l'imitation de tentatives réussies ou échouées, de récompense et de punition et autres choses du même genre ; si celui qui est dressé de la sorte alignait en série, comme dans le premier exemple, des figures qu'il n'a jamais vues jusqu'à présent, nous dirions bien que l'un des chimpanzés inscrit des règles et que l'autre les suit.

§ 43 p. 281-282

Mais si déjà la première fois l'un des chimpanzés s'était *proposé* de répéter ce processus ? C'est seulement dans une technique déterminée de l'action du langage, de la pensée que l'on peut se proposer quelque chose (Le "peut" est ici grammatical.).

Il est possible que j'invente aujourd'hui un jeu de cartes auquel personne ne jouera. Mais cela ne signifie rien de dire : dans l'histoire de l'humanité on a inventé un jeu une seule fois et jamais personne n'y a joué. Cela ne signifie rien. Non pas parce que cela contredit les lois psychologiques, les mots « inventer un jeu », « jouer à un jeu » n'ont de sens que dans un contexte très déterminé.

C'est pourquoi l'on ne peut dire non plus, que quelqu'un a suivi un panneau indicateur une seule fois dans l'histoire de l'humanité. Mais bien : un homme n'a marché parallèlement à une latte qu'une seule fois dans l'histoire de l'humanité. Et cette première impossibilité n'est pas non plus d'ordre psychologique.

Les mots « langage », « proposition », « ordre », « règle », « calcul », « expérience », « suivre une règle », se rapportent à une technique, à une habitude.

Un précédent à l'action suivant une règle serait le plaisir pris à une régularité simple, comme de battre des rythmes simples, ou de dessiner, ou de contempler des ornements simples. On pourrait dresser quelqu'un à suivre l'ordre : « Dessine quelque chose de régulier », « frappe régulièrement ». Et ici de nouveau, il faut se représenter une technique déterminée.

Tu dois te demander : dans quelles circonstances particulières disons-nous que quelqu'un « s'est seulement trompé en écrivant », ou bien « qu'il aurait bien pu continuer mais ne l'a pas fait à dessein », ou bien « qu'il avait voulu répéter la figure déjà dessinée mais n'y est pas parvenu ».

Le concept « frapper régulièrement », « figure régulière », nous est enseigné tout comme "clair", "sale", ou "multicolore".

COMMENTAIRE

Introduction

Le texte de Wittgenstein sur les concepts de jeu, de règles, de langage nous permet de comprendre que certains problèmes de l'éducation et en particulier de l'éducation physique ne sont pas liés à des problèmes psychologiques ou à des problèmes de capacités physiques. Ce qu'une éducation physique doit produire, ce sont des « faits qui appartiennent au langage ». De quelle nature sont ces faits ? Pour répondre à cette question, il convient de se souvenir de la remarque de Wittgenstein :

> Je compterai comme appartenant au langage, tout fait dont le sens d'une proposition nécessite l'existence [1].

Quels sont ces faits que l'éducation doit produire pour que certaines propositions (par exemple « il faut se préparer avant de servir au tennis de table ») aient du sens ? En suivant l'analyse grammaticale du concept de jeu dans ces deux paragraphes, on découvre que l'analyse de Wittgenstein ne décrit pas seulement les conditions de sens de certaines pratiques ou de certaines expressions dans des circonstances précises, elle décrit également la nature des faits qui produisent *des transformations* de nos jeux de langage. Ces jeux, Wittgenstein les définissait ainsi : parler un langage fait partie d'une activité ou

1. L. Wittgenstein, *Remarques philosophiques*, trad. fr. J. Fauve, Paris, Gallimard, 1990, § 45 ; édition en allemand publiée à Oxford, Basil Blackwell, 1964.

d'une « forme de vie ». Une « forme de vie » consiste dans un ensemble culturel d'arrière-plan qui constitue le lit des significations. Sans partage de cet arrière-plan, les hommes ne peuvent se comprendre lorsqu'ils agissent.

L'idée de faire une description des modifications de cet arrière-plan constitue une variante d'une étude anthropologique. En général, dans une étude anthropologique le scientifique cherche à comprendre une culture chez des sujets plus ou moins proches du groupe auquel il appartient. Et pour parvenir à nos fins lorsque nous tentons de réaliser ce type d'étude, il est nécessaire comme le souligne Louis Dumont de « rechercher ce qui correspond *chez eux* à ce que nous connaissons, et *chez nous* à ce qu'ils connaissent, autrement dit, il faut s'efforcer de construire ici et là des faits comparables »[1].

Or, dans ce texte, l'objet d'étude de Wittgenstein n'est pas l'ensemble des faits qui nous permettent de comparer deux cultures qui existent déjà, il est plutôt de saisir la nature des faits qui pourraient nous permettre de *commencer à jouer* à des jeux de langage que nous ne pratiquons pas jusqu'ici. Il y a dans cette analyse du philosophe les germes d'une généalogie des jeux de langage qui nous permet de concevoir autrement le problème de la transformation des actions en éducation physique qu'en suivant une étude psychologique ou physiologique des joueurs. Pour se convaincre de la portée d'une telle analyse pour les problèmes liés à la modification des conduites dans le cadre de l'éducation physique, il convient cependant d'éviter de confondre deux types d'objets d'étude.

---

1. L. Dumont, *Essai sur l'individualisme, Une perspective sur l'idéologie moderne*, Paris, Seuil, 1991, p. 13.

*La menace de l'amphibologie : généalogie des conduites
motrices ou bien des jeux ?*

L'idée selon laquelle les jeux auraient une descendance
semble être l'idée même qui succombe à la menace de l'amphibologie. On doit en effet se garder de confondre une analyse
des comportements de ceux qui jouent, comportements qui
évoluent bien entendu au fil du temps et une analyse du jeu
lui-même. S. Chauvier nous met en garde sur ce point en
distinguant deux cas :

> Dans un cas on parlera de ce qu'on fait quand on joue et
> de ce qu'on fait dans un autre jeu. Dans l'autre cas, on parlera
> de ce qui fait l'unité et l'identité d'un jeu et de ce qu'on fait
> *dans* un jeu. Dans un cas on parlera... du comportement
> ludique subjectif qu'est l'activité de jouer. Dans l'autre... des
> dispositifs ludiques objectifs que sont les jeux [1].

Il est juste de distinguer l'aspect subjectif ou psychologique qui est inhérent à l'activité de jouer de l'aspect objectif
du dispositif que constitue un jeu précis et qui est indépendant
des manières de jouer ou de ce qu'on ressent en jouant. Par
exemple, la remarque de Wittgenstein « Mais cela ne signifie
rien de dire : dans l'histoire de l'humanité on a inventé un jeu et
jamais personne n'y a joué » est bien une remarque d'ordre
général portant sur le jeu en tant que dispositif et non pas une
remarque fondée sur des études de la psychologie et des
comportements des joueurs. Souvenons-nous de sa remarque
sur les deux singes pour préciser cette distinction.

Si on veut savoir ce que fait le singe qui écrit la figure |--||--|
sur celle tracée par son compagnon, il ne sert à rien de savoir ce
qui se passe « dans l'âme de chacun » ou de connaître la
psychologie du singe au moment où il agit. Cela n'a aucune

---

1. S. Chauvier, *Qu'est-ce qu'un jeu ?*, Paris, Vrin, 2007, p. 14.

importance pour savoir si le singe, en agissant ainsi, est le premier singe à inventer un nouveau jeu. Sur ce point le doute pourrait s'installer chez notre lecteur. Et si un singe plus intelligent que d'autres « s'était *proposé* » (écrit Wittgenstein pour exprimer ce doute) intérieurement de rompre son ennui et de jouer à continuer la figure de son compagnon pour constituer une série ? Devrions-nous dire qu'il a inventé un jeu grâce à sa finesse d'esprit et à cause de son état psychologique ? Non, il faut ici inverser le raisonnement : c'est seulement si nous avions observé ce singe apprendre à jouer en reproduisant cette série que nous pourrions lui attribuer un état mental tel que « se proposer à construire une série ». Et comme Wittgenstein prend bien soin de préciser que les deux singes ne doivent pas être perçus comme deux protagonistes liés par le même souci de respecter une règle, « quoi qu'il se soit produit à ce moment-là dans l'âme de chacun », il convient de dire qu'une modification de nos états de conscience ne peut pas être non plus à l'origine de l'invention d'un jeu.

On pourrait ajouter qu'il ne sert à rien non plus de décrire les processus neurologiques qui se déroulent dans le cerveau des deux singes pour savoir que fait le singe en dessinant la figure. L'idée d'une généalogie des jeux ne peut donc pas être fondée sur la temporalité propre aux évènements physiques (qu'ils se produisent dans nos cerveaux ou dans notre environnement lorsque nous le modifions par nos gestes) ou à celle de notre champ de conscience. En d'autres termes, nous devons abandonner l'idée que c'est une succession de causes qui est à l'origine d'une évolution des jeux pour comprendre ce que signifie l'expression « généalogie des jeux » dans une perspective wittgensteinienne. Et il importe de considérer, dans la perspective des jeux servant d'appuis en éducation physique, que les difficultés rencontrées dans l'apprentissage de ces jeux ne sauraient résulter que de la présence de certaines causes. Or il est fort tentant en éducation physique de relier certains échecs éducatifs à l'existence de ces causes précises (celles qu'on localise dans le corps de celui qui apprend). Il est cependant fécond d'adopter la perspective wittgensteinienne et de considérer que certaines impossibilités ne résultent pas de déficiences. Là où certains sujets ne semblent pas pouvoir pratiquer certains jeux, c'est qu'ils en pratiquent d'autres, aimerions-nous dire pour étendre la remarque faite par Wittgenstein : « Que l'on ne comprenne rien à certaines choses, cela signifie que l'on en comprend d'autres »[1]. Lesquelles ? C'est ce qu'il convient de savoir pour comprendre ce qui est possible dans le domaine de la modification des jeux. Et pour cela il convient de conserver en mémoire deux principes :

– P1 : il est nécessaire de ne pas se limiter au seul aspect causal pour concevoir les transformations des modes de vie (ou de la pratique des jeux de langage).

– P2 : gardons-nous de concevoir l'identité du jeu comme une abstraction pouvant être comprise de manière intemporelle. On peut sans doute représenter un jeu par un schéma comme le fait P. Parlebas[2] en décrivant le modèle d'opposition socio-motrice présenté par un match de volley. Mais cela suffit-il pour comprendre « le caractère public qui appartient à l'existence d'un jeu, au fait qu'un jeu peut être inventé » ?

1. L. Wittgenstein, *Derniers écrits sur la philosophie de la psychologie : l'intérieur et l'extérieur*, tome II, 1949-1951, trad. de l'allemand par G. Granel. Mauvezin, T.E.R., 2000, p. 90 ; édition en allemand publiée à Oxford, Basil Blackwell, 1992.

2. P. Parlebas, « Jeux sportifs et réseaux de communication motrice », Paris, Editions **EPSS**, *Revue EPS*, 1971, n° 112, p. 98.

La naissance des jeux par invention et le problème de l'origine

L'idée qu'un seul homme peut inventer un jeu est trompeuse. Elle nous incite à croire que nous devons penser à l'origine des jeux comme nous pensons à l'origine des galaxies : en imaginant des causes. Certes, il y a bien des enchaînements de causes sans lesquelles le jeu n'existerait pas : si les hommes n'avaient pas eu la force de pousser leurs pièces, le jeu d'échec n'aurait jamais vu le jour. Mais en matière de jeu, il convient de ne pas assimiler le concept de source ou d'origine avec celui de cause. L'invention d'un jeu, l'origine d'une pratique nouvelle en matière de jeu n'est possible selon Wittgenstein « que parce qu'il existe déjà des jeux analogues, c'est-à-dire parce qu'on joue déjà à des jeux analogues ». Mais l'*analogie* n'a ici aucun pouvoir causal, elle ne fonctionne pas comme un attracteur.

Ce qui nous permet de décrire deux jeux comme analogues, ce sont les circonstances dans lesquelles on pratique ces jeux. Mais en disant cela, en disant que les circonstances dans lesquelles on invente un jeu sont analogues à celles dans lesquelles nous jouons déjà à un autre jeu, nous pouvons à tort accréditer l'idée que ce sont des évènements physiques extérieurs qui sont les mêmes dans les deux cas. Ainsi dit-on : Newton a eu l'idée de la théorie de la gravitation en voyant une pomme tombée. Sans cette circonstance particulière, sans cet évènement naturel, Newton n'aurait peut-être pas inventé (du moins à cette période de sa vie) la théorie de la gravitation. Mais ce cas de la théorie de la gravitation (il importe peu qu'il soit exact) est bien différent de l'apparition d'un nouveau jeu. Il ne faut pas confondre l'évènement naturel d'une pierre roulant dans une pente qui donnera l'idée de jouer à un enfant avec un objet rond (un objet analogue à un ballon) et les circonstances dans lesquelles des hommes commencent pour la première fois à jouer ensemble à un jeu.

Si on veut comprendre comment les circonstances interviennent dans l'invention d'un jeu c'est en imaginant la manière dont elles donnent du sens aux expressions « inventer un jeu », jouer à un jeu » et en comprenant que ces circonstances peuvent être analogues dans le cadre des jeux qui sont déjà pratiqués et dans le cadre de celles qui existent au moment où l'inventeur propose son jeu. Les circonstances ne sont pas ce qui cause l'invention, elles n'interviennent pas physiquement, elles ne sont pas localisables dans le temps et l'espace. Elles sont en revanche les conditions de sens des pratiques, elles sont ce qui les institue (ou non) en jeux.

Mais, dira-t-on, « il faut bien qu'un premier jeu ait été inventé » ! Et de même l'éducation physique par les jeux sportifs doit bien commencer par un premier jeu dans des circonstances précises. Oui c'est juste. Mais quel sens doit-on accorder à ces expressions ? En aucun cas le même que celui qu'on accorde à la phrase « A ce moment-là, il a lancé pour la première fois un ballon ». Lancer pour la première fois un ballon est un évènement qui ne doit rien aux circonstances. Ou plus exactement, il serait difficile de caractériser un type de circonstances dans lesquelles on *ne* fait *que* lancer un ballon. Car lancer un ballon, on peut le faire seul et surtout on peut le réaliser sans tenir compte d'aucune règle. Or une partie de ce qui est éducatif dans l'éducation tient justement au fait qu'en apprenant à jouer à des jeux on apprend à suivre des règles, par exemple ces règles qui sont *constitutives* du jeu.

Ainsi, comme le dit S. Chauvier « un ensemble de mouvements n'est compté comme valse que parce que ces mouvements répondent aux règles qui définissent, ou plus exactement, qui *créent institutionnellement* la valse »[1]. Ces règles ne sont pas celles qui permettent d'optimiser les déplacements des danseurs (ce qui correspond à un premier apprentissage en éducation physique) ni celles qui permettent de respecter le règlement de la valse dans un concours (c'est un second type d'apprentissage). La règle constitutive « représente ce que l'agent doit *vouloir* faire pour accomplir la pratique que la règle constitue »[2]. Un sujet peut très bien optimiser son mouvement pour sauter au-dessus d'une barre, respecter les règlements du concours de saut en hauteur mais ne pas être en train d'apprendre à sauter en hauteur dans le cadre de l'éducation physique. Comment ? Simplement en ne voulant pas sauter le plus haut possible pour battre ceux qui sautent aussi. Aucun règlement ne dit qu'il faut *vouloir* battre les autres sauteurs car c'est justement constitutif du saut en hauteur que de vouloir ceci.

Commencer à jouer à un jeu sportif pour la première fois, c'est donc étendre à une pratique physique sportive la pratique qui consiste dans d'autres circonstances (qui sont donc d'une certaine manière analogues à celle de la pratique sportive) à suivre une règle. A quoi tient alors l'apprentissage de « suivre une règle constitutive qui institutionnalise un jeu » ? S'il était lié à une capacité d'interprétation, à une faculté d'abstraction permettant de distinguer la bonne suite à donner aux exemples fournis par l'éducateur, alors on peut penser qu'aucune invention d'un jeu ne se serait jamais produite. Car ce qui est nécessaire d'obtenir pour « étendre » certaines pratiques en les institutionnalisant en jeu, c'est l'existence de *circonstances analogues* et non pas (seulement) la présence de certaines

---

1. S. Chauvier, *Qu'est-ce qu'un jeu ?*, *op. cit.*, p. 34.
2. *Ibid.*, p. 35.

causes physiologiques qui permettent à celui qui apprend d'optimiser son comportement.

Situations ou circonstances analogues : Dewey et l'enquête

Mais quel sens devons-nous donner à l'expression « *circonstances analogues* » lorsque ces circonstances doivent précéder l'apprentissage ou l'invention d'un jeu ? C'est une question qui est en rapport avec *l'esprit* (« *le bon esprit* » devrions-nous dire pour éviter toute tentation de réifier ce concept d'esprit et toute confusion avec une approche internaliste) dans lequel l'éducation physique doit se produire. Ici encore, nous devons nous souvenir de l'avertissement de S. Chauvier : ne confondons pas l'esprit dans lequel les joueurs sont lorsqu'ils jouent (la psychologie du joueur) et l'esprit objectif du jeu dans lequel les joueurs doivent s'inscrire pour jouer. La distinction peut se faire ainsi : dans le premier cas, on peut croire que cet esprit *résulte causalement* de ce que dit l'éducateur et des conditions matérielles dans lesquelles se produisent les circonstances de l'éducation. Mais pour le second cas, définir l'esprit objectif du jeu par une relation de causalité serait commettre une erreur identique à celle qui consiste à confondre le motif d'un tapis (sa *qualité* esthétique notamment) avec les fils avec lesquels on a tissé le tapis. L'analogie qui existe entre certaines circonstances (ou situations) éducatives tient à la *qualité* qu'on peut attribuer sur un plan éducatif à ces situations. Cette qualité représente l'unité de la situation, le sens qu'elle prend pour ceux qui agissent « en situation ». Pour découvrir ce sens on doit faire appel aux raisons pour lesquelles les agents agissent tels qu'ils le font et aux habitudes que ces situations mettent en jeux. Une fois de plus, il est tentant de croire que cette unité est produite causalement par le langage, par les mots de l'éducateur, les règles qu'il utilise pour diriger les actions des élèves, ses ordres, les propositions qu'il émet, comme autant de briques solidifiant un mur pour lui donner sa forme.

Mais il faut ici dénoncer l'erreur de catégorie que constituerait une telle idée. Les règles, le langage, les mots, les propositions n'ont pas de pouvoir causal, ils n'ont pas de « solidité intrinsèque » qui leur permettraient d'être les constituants de l'unité de la situation, de la qualité éducative qu'elle présente. Ils ne sont pas les briques assurant la solidité de l'édifice qu'on cherche à établir lorsqu'on tente (par exemple) de faire agir de manière juste un enfant placé dans un type de situations éducatives. Car, comme l'écrit Wittgenstein, « les mots « langage », « proposition », « ordre », « règle », « calcul », « expérience », « suivre une règle », se rapportent à une technique, à une habitude ». Si vous voulez comprendre la réalité qui est décrite par ces expressions, vous ne pouvez pas le faire sans réaliser une étude des habitudes de ceux qui les utilisent. On peut essayer de mieux comprendre l'expression « se rapporter à » en établissant un lien avec la conception anti-causaliste de l'action de Dewey. P. Steiner précise ainsi le point de vue du philosophe :

> Une situation est dynamiquement unifiée en étant dotée d'une qualité qui lui est propre… l'occurrence de cette qualité est une fonction de nos habitudes [1].

Le terme « fonction » est essentiel car il introduit l'idée que le rapport entre la qualité de la situation et les habitudes n'est pas un rapport de causes à effets comme dans un mécanisme. La fonction est un outil mathématique qui ne se rapporte pas à

---

1. P. Steiner, « Délocaliser les phénomènes mentaux : la philosophie de l'esprit de Dewey », *John Dewey*, Revue internationale de philosophie, Bruxelles, P.U.F., 2008, p. 280.

un processus localisable dans le temps et l'espace. Il importe de comprendre ce que cette dématérialisation a comme conséquence pour les enjeux éducatifs. On peut être convaincu que l'éducation physique peut être obtenue en s'appuyant sur des règles de différentes sortes. Dans ce cas, la situation éducative est conçue comme une manière de contraindre (par la règle) le comportement de ceux qu'on éduque. Il arrive que l'enseignant tente de provoquer un apprentissage en sports de raquette en insistant sur l'importance de « se préparer à » servir pour avoir une intention tactique dès le premier coup de raquette. Mais on aurait tort de croire qu'on peut se servir de la règle qu'on peut résumer par « je me prépare à servir pour être efficace » comme on sert d'un outil pour agir sur la matière. L'expression « se préparer à » n'est pas un point d'appui à partir duquel on peut contraindre l'attitude des apprenants pour qu'ils se préparent. Car l'expression « se préparer à » n'a de sens et de vertu éducative dans un discours que lorsque ceux qui apprennent ont eu des habitudes d'un certain type. Supposons que les enfants vivent dans un monde sans cérémonie depuis leur plus jeune âge. J'entends par cérémonie une pratique simple, celle qui consiste à avoir un début et une fin clairement identifiés par au moins deux pratiquants. L'expression « se préparer à » aurait-elle un rôle dans ce monde. Probablement pas le même que dans le nôtre. Dès lors on peut penser que pour faire jouer un rôle aux règles en éducation physique, il convient de s'assurer qu'un certain nombre d'habitudes sont acquises par ceux qu'on veut éduquer. Sans cela, la qualité de la situation éducative n'est pas maitrisée ni même connue par l'éducateur qui propose la situation.

De ce fait, pour caractériser ce qui est analogue dans les circonstances où l'on invente un jeu et celles où l'on joue déjà à un autre jeu, on peut donc décrire les habitudes qui nous servent à pratiquer un jeu et celles qui nous serviront à pratiquer celui qu'on invente. Et si on veut comprendre l'idée d'origine d'un jeu autrement qu'en lui donnant une significa-tion causale, il est nécessaire de replacer le concept d'action dans un contexte, comme c'est le cas en histoire. Dans un langage wittgensteinien, on dirait que chaque action n'existe que dans une forme de vie partagée par les hommes à une époque, exactement comme un nombre ne peut être décrit que grâce aux propriétés du groupe mathématique dans lequel on le place. Le langage, l'action et la pensée sont des concepts inextricablement liés aux concepts de forme de vie et de jeux de langage que Wittgenstein définissait ainsi :

> L'expression jeu de langage doit ici faire ressortir que parler un langage fait partie d'une activité ou d'une forme de vie [1].

Sans partage d'un arrière-plan culturel qui constitue une sorte de trame, les hommes ne peuvent se comprendre lorsqu'ils agissent et communiquent [2]. Le philosophe insiste d'ailleurs sur cette idée, essentielle pour l'anthropologie des jeux :

> Comment pourrait-on décrire la façon dont les hommes agissent ? Comment sinon en montrant la façon dont les actions des hommes, dans leur diversité, empiètent les uns sur les autres en une sorte de grouillement. L'arrière-plan par rapport auquel l'action est vue, ce n'est pas ce qu'un individu

---

1. L. Wittgenstein, *Grammaire philosophique*, trad. M.-A. Lescourret, Paris, Gallimard, 2001. Édition en allemand publiée à Oxford, Basil Blackwell, 1969, § 23.

2. Dans une perspective néowittgensteinienne, Jean-Pierre Cometti définit un jeu de langage comme « un ensemble de pratiques et de ressources symboliques, gouvernées par des règles, solidaires des actes auxquels elles sont liées, sur la base d'un apprentissage préalable et dans des contextes où elles sont mises en œuvre en relation avec des finalités communes ». J.-P. Cometti, « Néowittgensteiniens », *Dictionnaire d'esthétique et de philosophie de l'art*, J. Morizot, R. Pouivet, Paris, Armand Colin, 2007, p. 316.

est en train de faire, c'est cet ensemble grouillant ; c'est lui qui détermine notre jugement, nos comportements et nos réactions[1].

Comment donc repérer l'existence de circonstances analogues, par exemple dans certains jeux de langage ? Tout simplement en repérant l'existence de pratiques régulières, de techniques, l'accord voire l'unanimité entre les sujets sur certaines pratiques qui existeront dans les deux jeux établissant une forme de parenté entre ce qui constitue suivre les règles de l'un et l'autre des jeux. « Le mot « accord » et le mot « règle » sont *parents* entre eux, ce sont des cousins. Les phénomènes de l'accord et de l'action suivant une règle sont en rapport »[2].

Mais quelle différence doit-on faire alors entre deux jeux (celui qui existait déjà et celui qu'on invente) s'ils ont des pratiques reconnaissables, comparables dans les deux cas ? Cette question est une question grammaticale portant sur la différence entre « le même » et « l'analogue » qui nous permet de comprendre la dynamique des jeux et les caractéristiques de l'éducation physique. Et c'est ce qui nous donne la possibilité de *voir* une action *comme* étant la même qu'une autre.

Le même et l'analogue

Cette question du même et de l'analogue ne se pose pas si on considère que les transformations liées à l'apprentissage des jeux ont une cause physiologique ou bien encore si on considère que ces transformations sont causées par une

---

1. L. Wittgenstein, *Remarques sur la philosophie de la psychologie (II)*, trad. fr. G. Granel. Mauvezin, T.E.R., 1994. Édition en allemand publiée à Oxford, Basil Blackwell, § 629.
2. L. Wittgenstein, *Remarques sur les fondements des mathématiques*, *op. cit.*, § 41.

modification des représentations dans la tête de celui qui apprend. Car dans ces deux cas, ce qui subit la modification et ce qui modifie sont dans un rapport causal. L'analyse de ce qui est modifié et de ce qui modifie conduit nécessairement à établir que ces deux entités analysées (la cause et l'effet) sont différentes. Le concept de « nouveau » et de « différent », dans le cas d'une modification vue comme une relation de causes à effets est toujours un concept portant sur des qualités absolues. Un électron et un quark sont des choses différentes, indépendamment de toute perspective. De ce fait, les lois de la nature portent sur des choses différentes ou identiques et non sur des choses « analogues ». La notion d'analogie présuppose toujours un observateur qui a un point de vue établissant une analogie. Toute conception de l'éducation physique fondée sur la découverte de relations de causes à effets est donc condamnée à se passer du concept d'analogie pour comprendre ce qui reste le même et ce qui se transforme.

Or, la conception anthropologique de Wittgenstein modifie les concepts d'« identité », de « différent » et « d'analogie » :

> Nous disons : « imaginons des gens qui ne connaissent pas *ce* jeu de langage. » Mais cela ne nous donne pas encore une idée très claire de ce en quoi ces gens mènent une vie différente de la nôtre. Nous ne savons pas encore ce que nous devons nous représenter ; car la vie qu'ils mènent doit, pour le reste, correspondre à la nôtre, et il faut d'abord déterminer ce que nous appellerions, dans ces circonstances nouvelles, une vie correspondant à la nôtre [1].

Ainsi il y a bien une différence que nous pouvons faire sur un plan anthropologique en énonçant le fait que certaines

---

1. L. Wittgenstein, *Derniers écrits sur la philosophie de la psychologie : l'intérieur et l'extérieur*, op. cit., p. 92.

personnes ne jouent pas à un jeu auquel nous participons. Mais cette différence, qui nous permet de découvrir ce qui sépare les circonstances dans lesquelles nous jouons et celles, nouvelles, où nous ne sommes pas encore prêts à jouer, n'est pas décrite tant que nous ne sommes pas capables dire en quoi la vie de ceux qui jouent est analogue à celle de ceux qui ne jouent pas. Il est bon de mesurer l'enjeu d'une telle prise de conscience dans le cadre de l'éducation physique : l'éducateur ne saisit pas le type de transformation qui est au centre des finalités éducatives s'il ne peut comparer de manière sensée le mode de vie (et les circonstances qui vont avec) de celui qui apprend avec le mode de vie qui doit apparaître (dans ces circonstances nouvelles du jeu).

On pourrait ainsi dire : « cette éducation ne doit pas intervenir à cet âge, elle demande des concepts trop abstraits. Ce jeu est trop complexe ». Par exemple, nous pourrions convenir qu'il est trop tôt pour un enfant d'apprendre à suivre des règles. Mais ce serait une erreur de croire qu'il manque des concepts dans la tête de l'enfant et que c'est ce qui fait la différence entre celui peut apprendre à suivre une règle et celui qui ne peut ou ne pourra jamais suivre une règle. Ou tout du moins le type d'étude mené par Wittgenstein est très différent de celui qui conçoit les différences entre celui qui possède un concept et celui qui ne le possède pas en termes de déficience (même si celle-ci est causée par la différence d'âge). Wittgenstein s'intéresse plutôt aux pratiques, aux *formes* d'actions qui ont été celles de l'un et de l'autre des sujets car selon lui « nos concepts, nos jugements, nos réactions ne sont jamais liés simplement à une action, ils sont liés à tout l'entrelacs des actions humaines » [1]. Certes, cette forme de holisme est peu satisfaisante. Et Wittgenstein précise d'ailleurs le type d'activités qui précédent celle qui consiste à suivre une règle :

> Un précédent à l'action suivant une règle serait le plaisir pris à une régularité simple, comme de battre des rythmes simples, ou de dessiner, ou de contempler des ornements simples. On pourrait dresser quelqu'un à suivre l'ordre : « Dessine quelque chose de régulier », « frappe régulièrement ».

Essayez maintenant d'imaginer un être qui, toute sa vie, n'aurait jamais pris de plaisir à accomplir certains gestes simples de manière répétée, qui n'aurait jamais obéi à un ordre, qui n'aurait jamais tenté de suivre une ligne, un bord, sans s'en écarter, qui n'aurait jamais fixé son attention plus d'une seconde sur un objet. Ce n'est pas une étude physiologique établissant une différence interne (une déficience en quelque sorte) qui nous permettrait de décrire les concepts qui lui manqueraient pour être capable de suivre une règle. En effet, d'une certaine manière ces concepts sont déjà décrits dans les activités que nous venons de citer et que cet être n'a jamais pratiquées. Il n'est possible de comparer et de comprendre ce qui sépare conceptuellement deux êtres vivants que si nous constatons que des formes primitives analogues ont précédé l'activité nécessitant les concepts utilisés par les deux êtres. En d'autres termes, pour apprendre à marquer un but au hand-ball, vous n'avez pas besoin de comprendre le concept « d'espace libre », cet espace qui existe entre le gardien et le poteau et dans lequel doit se diriger le ballon pour optimiser le tir. En apprenant à tirer régulièrement sur un des deux poteaux de la cage du gardien, en revanche, vous avez toutes les chances de

---

1. L. Wittgenstein, *Derniers écrits sur la philosophie de la psychologie : l'intérieur et l'extérieur*, *op. cit.*, p. 92-93.

comprendre un jour le concept « d'espace libre ». Nul besoin de décrire ce concept pour le faire « apprendre ».

Wittgenstein se demande si nous pourrions nous entendre avec des hommes qui ne posséderaient pas le concept de « demain » et « si nous pourrions leur *décrire* comment des hommes emploient le mot "demain" sans le leur apprendre »[1] ? Mais comment pourrions-nous leur apprendre si le passage du jour à la nuit n'avait pas l'importance qu'il a pour nous ? Car c'est pour cette raison que "demain" joue un grand rôle dans nos vies remarque Wittgenstein dans ce même passage. On pourrait toutefois douter de la nécessité de trouver tout ce sur quoi nos vies s'accordent en général (travailler le jour et dormir la nuit) pour comprendre le concept de "demain". On pourrait émettre l'hypothèse par exemple qu'un être intelligent, ayant par exemple le concept de calcul différentiel, pourrait comprendre le concept de "demain" (En se représentant par exemple "demain" comme la marque d'une variation très courte entre deux états temporels : demain signalerait l'existence d'une durée infinitésimale à l'échelle géologique). Mais note Wittgenstein « si on voulait donner une description sommaire du jeu avec "demain", par analogie avec une description sommaire du calcul différentiel, alors il faudrait qu'elle soit bien plus primitive, et il serait difficile de lui trouver une finalité »[2].

Le propos est utile ici pour renverser la vision intellectualiste qu'on peut avoir des apprentissages et de l'éducation. Ce n'est pas le concept de calcul différentiel qui éclaire le concept de "demain" même si celui-ci est lié à l'idée de passage d'un jour à un autre. C'est bien une idée analogue à

1. L. Wittgenstein, *Derniers écrits sur la philosophie de la psychologie : l'intérieur et l'extérieur*, *op. cit.*, p. 70.
    2. *Ibid.*, p. 70.

cette idée de passage du jour à la nuit, sans doute plus primitive que celle de calcul différentiel qui pourrait éclairer un être ne possédant que le concept de calcul différentiel et pas celui de "demain'. Mais cette idée ne saurait venir à l'esprit de cet être que si elle jouait un rôle dans ses pratiques, dans son mode de vie. Comme l'écrit C. Chauviré, «nous nous rattachons toujours à nos racines, quelque chose de primitif survit dans les concepts raffinés – dont la base est instinctive – de l'homme civilisé »[1]. C. Chauviré souligne qu'«un point important de la méthodologie de Wittgenstein tient à l'évocation libre des premiers jours de l'humanité : tous nos accords et nos jeux de langage complexes doivent être vus sur fond de primitivité ou d'enfance… »[2].

Dans une perspective wittgensteinienne, on peut donc émettre l'idée que certaines formes de vie primitives qu'avaient nos ancêtres les plus lointains ont eu une descendance qui se retrouve dans nos jeux les plus sophistiqués. On peut par exemple s'amuser à rechercher dans nos jeux des vestiges des premiers jeux de langage.

Les vestiges des jeux de langage

Le linguiste D. Bikerton a bien compris cela : au lieu de se placer exclusivement sur une approche internaliste pour comprendre l'origine du langage, le linguiste utilise une approche anthropologique[3] et admet «que nous devrions étudier le mode de vie et le comportement de nos ancêtres puis nous demander quelles contraintes de la communication animale ils ont été forcés de dépasser». Ce qu'il faut retenir, c'est la

1. C. Chauviré, *Wittgenstein en héritage*, Paris, Kimé, 2010, p. 89.
2. *Ibid.*, p. 100.
3. D. Bikerton, *La langue d'Adam*, trad. fr. C. Delporte, Paris, Dunod, 2010, p. 14.

volonté du scientifique de comprendre ce qu'est le langage en étudiant simplement l'évolution des formes d'actions des hominidés dans un contexte précis.

Pour cerner les caractéristiques des actions qui sont à l'origine de nos actions langagières, D. Bikerton fait appel à plusieurs critères :

– La survie du clan était engagée dans la réussite de ces actions : le clan pouvait disparaître si les actions n'étaient pas efficaces.

– Les actions avaient pour fonction le recrutement d'autres hominidés pour atteindre le but qui permettait au clan de survivre.

– Les signaux qui permettaient de recruter étaient des signaux de délitement c'est-à-dire qu'un signal pouvait fort bien donner une information fausse : cela était rendu possible parce que le signal pouvait être fait et compris en l'absence de la chose à laquelle il faisait référence.

– Les signaux pouvaient être donc pertinents de deux manières : provoquer le recrutement au bon endroit des hominidés du clan et induire en erreur ceux des autres clans.

– Un tout petit nombre de signaux devait être nécessaire et bien entendu sans qu'il soit fait usage de mots.

Connaissez-vous une forme de vie qui pourrait constituer un vestige de cette forme de vie ancestrale ? Eh bien, pour ma part, je crois que nous avons ici toutes les caractéristiques des actions des joueurs de sports collectifs.

L'équipe peut être éliminée en cas de non réussite d'atteinte de l'objectif, le recrutement opportun de joueurs à certains moment du match est fondamental et nécessite de disposer de signaux sans ambiguïté pour les uns et équivoques pour les autres (appel de la balle dans un sens, contre-appel dans l'autre sens pour « feinter » un défenseur), signaux en nombre restreints pour ne pas alourdir la charge cognitive dans des moments où les efforts physiques demandés absorbent une partie de l'attention, peu ou pas de mots pour que les actions préparées ne soient pas prévisibles. Bien entendu, si on peut reconnaître dans ces jeux la structure de la forme de vie permettant à des «chasseurs» de survivre, on doit admettre que la fonction de cette structure n'est plus la même. Nous *jouons* collectivement avec les fossiles des actions de nos ancêtres.

TEXTE 2

J. Ulmann
Y-a-t-il une vérité en éducation physique ? *

L'éducation physique, même si on ne retient d'elle que sa technicité, même si on ne conteste pas l'importance pour elle des apports qu'elle reçoit des sciences, est donc tout autre chose qu'une simple application de ces sciences. Elle ne les prolonge pas. Ainsi partage-t-elle le sort de toutes les techniques. Il reste à ajouter qu'avec toutes les techniques et même toutes les « sciences » de l'éducation, elle présente un cas particulier.

> *Comme toute éducation, l'éducation physique prend appui sur des normes qui, elles-mêmes, ont des soubassements philosophiques.*

L'invention de l'automobile a été provoquée par des désirs ; un certain état de la science, des techniques, les conditions économiques, les circonstances, d'autres facteurs encore, l'ont rendue possible. Ainsi en va-t-il des autres inventions, mais lorsqu'on a affaire à l'éducation, l'intention est commandée par des normes.

L'éducateur se proposera de rendre les enfants à la nature ou de les élever à la culture. Il admettra ou non que l'homme a des droits naturels. Il recherchera une méthode d'éducation

* J. Ulmann, *Corps et civilisation. Éducation physique, médecine, sport*, Paris, Vrin, 1993, p. 152-155.

efficiente ou sacrifiera cette productivité si elle s'accompagne d'une contrainte à l'égard de l'enfance. L'éducation est donc suspendue à des normes ; et ces normes ne peuvent avoir d'autre justification que philosophique ; elles sont donc inspirées par une philosophie : leurs divergences tiennent à ce qu'elles se recommandent de philosophies elles-mêmes divergentes. Il n'est pas vrai que, comme on le dit souvent, la singularité de l'éducation vienne de ce qu'elle s'adresse à l'homme, porte sur l'homme ; toute technique, même si c'est par des voies indirectes, concerne l'homme. C'est que ses finalités et ses procédés s'inspirent, que l'éducateur en soit conscient ou non, de normes.

Qu'on tienne la philosophie pour autonome ou qu'on voie en elle une idéologie qui dénature les causes ultimes qui en provoquent l'avènement, il importe peu ici. Il importe en revanche beaucoup de constater que l'éducation tire ses normes de certains soubassements philosophiques. – ses normes, c'est-à-dire ses directives majeures, celles que le comportement humain est appelé à appliquer et à respecter. La conduite d'un être n'est pas la même selon qu'il croit ou non en Dieu. La représentation que l'éducateur donne de l'homme de sa place dans le monde, de la destinée humaine appelle nécessairement ces attitudes à l'égard de l'enfance qu'on désigne du nom de l'éducation.

Parce que l'éducation physique relève, comme son nom l'indique, d'intentions éducatives, les transformations de l'éducation physique dans ses principes et souvent dans ses pratiques sont solidaires, l'histoire en témoigne, et vont de pair avec une modification des idées éducatives. Mais l'époque contemporaine apporte le même enseignement. La méthode psychomotrice n'est pas seulement dans le privilège accordé au schéma corporel ou à certaines postures. Elle se réclame d'une certaine conception de l'éducation au reste trouble puisqu'il est possible d'y découvrir, en même temps que des thèmes puisés dans un fonds commun éducatif, certains traits issus des méthodes actives. D'autres attitudes se réfèrent à une conception mieux déterminée et plus orientée de l'éducation. L'appel aux activités naturelles présente autant de formes que le naturalisme pédagogique qui lui sert d'inspiration. Les points de vue divers qu'on connote, sans toujours bien les distinguer, sous l'appellation d'expression corporelle s'efforcent, par le moyen du corps, de libérer l'inconscient du refoulé qui l'habite. La psychanalyse, ou plutôt une certaine façon d'entendre la psychanalyse et d'en apprécier les incidences éducatives, les inspire. La «créativité», cette notion grâce à laquelle certains éducateurs empêchent l'éducation d'être en retard sur la mode, trouve, elle aussi, un rôle à jouer.

Ce rattachement étroit de l'éducation physique à l'éducation pourrait être poussé beaucoup plus loin; sans doute n'aurait-on pas de peine à établir qu'à une époque donnée l'éducation physique a toujours poussé ses racines dans un terreau éducatif. L'éducation physique en reçoit la meilleure légitimation qu'elle puisse souhaiter: sans elle l'éducation dont elle est tributaire et qui l'anime souffrirait d'un manque.

Conséquences de cette référence de l'éducation physique à une théorie philosophique de l'éducation

Cependant la nécessaire référence de l'éducation physique à une théorie de l'éducation va aussi entraîner pour elle des conséquences qu'elle a le droit de trouver fâcheuses mais qu'elle ne saurait éluder. Elle ne pourra éviter d'être entraînée dans ces conflits de doctrines qui sont monnaie courante chez les éducateurs: théoriciens et praticiens. Ces conflits, parce qu'ils sont d'ordre philosophique, perdureront même si les formes sous lesquelles ils sont amenés à se manifester varient. Ce n'est pas tout. Les questions dont débattent les philosophes

sont de celles qui échappent à la science : il faut vraisembla-
blement les tenir pour insolubles. Adossée à une philosophie,
une théorie éducative en connaîtra la fragilité.

Il serait vain, dans ces conditions, de déclarer qu'il faut
bien que l'une des orientations éducatives opposées soit vraie
et de rechercher laquelle. Il serait aisé, si c'en était ici le lieu, de
montrer l'équivoque des notions (nature, culture, développement, adaptation, etc.) dont se recommandent les théoriciens et
de dénoncer les méthodes dont ils usent pour établir les
finalités les plus hautes, celles que les finalités secondes
postulent, même si elles n'en découlent pas déductivement.
D'ailleurs, quel sens pourrait avoir l'affirmation que telle ou
telle finalité est vraie ? Impossible de dire d'une norme qu'elle
est inscrite dans la nature des choses. La notion de vérité,
quelque représentation qu'on se fasse d'elle, ne vaut que pour
des faits – non pour des valeurs.

Ceux qui, en la circonstance, prétendent, si l'on peut
dire, assigner de façon objective des objectifs à l'éducation
et à l'éducation physique s'abusent. Quand tel auteur
affirme, entre autres propositions destinées à servir de soutène-
ment scientifique que « la société existant pour l'homme
et non l'inverse, celui-ci garde la primauté », ignore-t-il que
nombreux sont ceux qui ont pensé avec Auguste Comte et non
sans raisons sérieuses que l'homme n'est qu'une abstraction
opérée sur la société qui, seule, existe ? Il a le droit de n'être pas
d'accord avec eux. Il est incapable de les réfuter – et aussi
d'asseoir sur des bases chancelantes autre chose qu'une
théorie éducative incertaine.

*Tentatives pour établir une hiérarchie entre les théories de
l'éducation physique*

Cette impossibilité d'atteindre, voire de concevoir, la
vérité dans le domaine de l'éducation physique et, plus

généralement, de l'éducation est de nature à inquiéter. Faudra-t-il tenir toutes les doctrines de l'éducation physique, si opposées soient-elles, pour équivalentes ? Renoncer à choisir entre elles sinon dans l'arbitraire ?

COMMENTAIRE

Introduction

Quels peuvent être les rapports que l'épistémologie entretient avec l'éducation physique? Cette question se pose puisque l'épistémologie est reconnue de nos jours comme une théorie de la connaissance alors que l'éducation physique a pour finalité l'éducation par les actions qui transforment notre corps et son environnement. Il importe de préciser la nature de cette enquête en examinant la portée que G. Ryle donne à l'épistémologie lorsqu'elle est considérée comme « une théorie de la connaissance » :

> L'expression « théorie de la connaissance » peut désigner deux choses dont l'une est la théorie des sciences, c'est-à-dire l'étude systématique des structures des théories déjà élaborées et l'autre est la théorie de l'apprentissage, de la découverte et de l'invention [1].

Le texte de J. Ulmann constitue un exemple de ce qu'une théorie de l'apprentissage peut représenter pour l'éducation physique d'un point de vue épistémologique sans succomber à la tentation d'une théorie des sciences. G. Ryle a parfaitement décrit ce qui est au cœur de ce type de réflexion :

---

1. G. Ryle, *La notion d'esprit*, trad. Fr. S. Stern-Gillet, Paris, Editions Payot, 2005, p 456. On pourrait ajouter que la théorie de la connaissance désigne aussi une théorie de la justification des croyances, de ce qui en fait des connaissances.

Puisqu'il y a une activité et une profession qui consiste à enseigner, il y a une branche de la philosophie dont le propos est d'élucider les concepts d'enseignement, d'apprentissage et de jugement par voie d'examen. Cette branche de la philosophie pourrait s'appeler « la philosophie de l'apprentissage », « la méthodologie de l'éducation », ou plus pompeusement « la grammaire de la pédagogie » … L'objet de cette étude serait l'ensemble des termes utilisés pour décrire certains épisodes de la vie des individus placés dans la situation d'élève, d'étudiant ou d'examiné[1].

Ce que J. Ulmann tente d'établir, c'est qu'une réflexion sur les principaux concepts liés aux apprentissages est tout aussi féconde que la recherche scientifique car l'éducation physique est toute autre chose qu'une simple application des sciences. Cette perspective rompt en partie avec celle défendue par P. Parlebas[2] qui militait à cette époque pour une épistémologie de l'éducation physique en affirmant que « l'Education Physique sera scientifique ou ne sera pas ». Pour nous convaincre de la valeur de sa prédiction, l'auteur de *L'Education physique en miettes* insistait sur l'importance à accorder à un principe :

Il s'agit tout simplement de mettre au clair les hypothèses qui guident l'action, d'organiser des expérimentations pour éprouver ces hypothèses, d'interpréter au plus probable les résultats obtenus[3].

Néanmoins très vite dans ce même texte, P. Parlebas devait admettre « qu'en éducation physique, le lien épistémologique n'est pas pensé, n'est pas admis. A vrai dire, il est même

1. G. Ryle, *La notion d'esprit*, *op. cit.*, p. 457.
2. P. Parlebas, « L'éducation physique en miettes », Dossier EPS n°4, 1990, p. 89.
3. *Ibid.*, p. 89.

refoulé; on dit tout au plus qu'il faut « appliquer » à l'éducation physique les connaissances dispensées par les disciplines « fondamentales ». Or, il semble bien que ce constat, fait il y a près d'un demi-siècle, soit encore valable de nos jours. Car, en fait d'hypothèses, ce qui fonde l'éducation physique le plus souvent, c'est un corpus de croyances, d'opinions et d'habitudes qu'on peut deviner dans les pratiques des enseignants. Or, là où une proposition fonctionne comme une hypothèse parce que son contenu s'insère dans une théorie clairement identifiée, la croyance agit au contraire dans l'ombre des habitudes. Elle organise le quotidien et élimine le plus souvent toute forme de questionnement qui pourrait être provoquée par l'existence de faits pouvant la remettre en cause. S'il s'agit donc de construire une étude des facteurs qui sont les plus prégnants dans la réalité du monde enseignant en EPS, ce n'est sans doute pas vers la science qu'il faut se tourner. Et J. Ulmann intitule d'ailleurs de manière significative son article en se feignant de se demander : « Y a-t-il une vérité en Education Physique ? ». La réponse du philosophe est sans appel : la vérité n'a pas de rapport direct avec les valeurs qui conduisent les hommes à choisir les finalités orientant l'éducation physique dans sa pratique réelle.

Pour l'auteur de *De la gymnastique aux sports modernes*[1], la raison de cette dichotomie entre ce qui détermine la réalité de l'éducation physique et les propositions théoriques des sciences provient du fait que « l'éducation tire ses normes de certains soubassements philosophiques ».

Le texte de J. Ulmann attire donc notre attention sur cette question.

---

1. J. Ulmann, *De la gymnastique aux sports modernes*, Paris, Vrin, 1997.

Quelles différences devons-nous faire entre deux types d'épistémologie, celle examinant les connaissances scientifiques et celle qui a pour objet les concepts permettant de faire de l'éducation physique ?

La première différence concerne le type de problèmes de société. Certains de ces problèmes concernent des problèmes techniques liés à un besoin de connaître et de prévoir certains évènements ou certains phénomènes. Pour statuer sur le dopage, certaines connaissances biologiques doivent progresser. Pour améliorer notre conception de la santé qui constitue un des objectifs de l'éducation physique, il est nécessaire de construire des théories scientifiques du corps. Mais ces données ne sauraient à elles-seules résoudre le type de problème qui est constitué par les choix de société. En général, le scientifique n'intervient plus dans les moments où une décision va engager la société dans une direction précise. La question des normes rejoint ici la question des valeurs et le problème ne peut plus être résolu en distinguant le vrai du faux. Prenons l'exemple de la santé qui est une finalité récurrente de l'éducation physique au XXe siècle. « Qu'est-ce que la santé dans une société moderne comme la nôtre ? » n'est pas une question qui peut être résolue simplement en établissant des données objectives sur le corps. En réalité, ce que rate ce type d'approche scientifique, c'est la nature, le sens de certaines questions. Cette erreur provient du fait qu'on oublie facilement (grâce à la division sociale du travail qui distribue de manière fragmentaire les techniques de réflexion à utiliser) qu'on ne sait pas immédiatement de quel ordre est un problème.

La mixité en éducation physique est un problème pour les enseignants d'EPS. Les moyennes des notes des filles et des garçons montrent une différence flagrante en défaveur des filles. Mais de quel ordre est ce problème ? Il est courant que la solution proposée consiste à établir des barèmes différents, pour tenir compte des différences physiologiques. Or, au-delà de ce seul constat de différences physiologiques, il apparaît parfois que les filles ont des difficultés à se montrer à leur juste valeur au milieu des garçons. On peut toujours compliquer l'hypothèse initiale qui équivaut à internaliser le problème pour expliquer ces difficultés en expliquant par exemple qu'en sports collectifs, celui qui court plus vite et qui saute plus haut aura plus souvent le ballon. Mais jusqu'où pouvons tenir ce discours qui internalise les problèmes en les assimilant à des différences corporelles. Doit-on aussi étendre ce discours de différences corporelles aux garçons qui sont en surpoids puis à ceux qui ont des muscles avec moins de fibres rapides? Et pourquoi ne pas étendre cette perspective au cerveau et aux disciplines scolaires comme les Mathématiques qui ont-elles-aussi leurs olympiades? En réalité, les problèmes sociaux résistent souvent lorsque leur nature n'est pas questionnée avant toute recherche de solutions. Il est tentant de traduire un problème social dans un discours de sociologues, de psychologues, de biologistes puisque la société dispose de ce type de chercheurs prêts à déployer tout un registre de techniques pour trouver des solutions.

Mais on oublie un peu vite que l'éducation physique est attachée à des finalités sociales et que celles-ci font l'objet de questions qui doivent elles-mêmes être mise en question pour en comprendre la portée. Le problème de la mixité n'est-il pas lié aux finalités et aux contenus d'enseignement? N'est-ce pas la perspective adoptée pour réunir les filles et les garçons qui pose problème, plutôt que les différences corporelles? Si on voyait Zidane non pas seulement comme un joueur exceptionnellement doué techniquement mais comme un sportif capable de faire mieux jouer ceux qui sont moins bons que lui en agissant de manière juste pendant les matchs, n'y aurait-il pas matière à reconsidérer notre façon d'évaluer et d'influencer les comportements des joueurs lors de confrontation mixte sans succomber à une internalisation du problème ?

Or, dans les concours de recrutement des enseignants d'EPS, tout incite les candidats à apporter des réponses techniques aux questions portant sur les finalités éducatives (santé, bien-être, relations sociales, autonomie...) sans qu'il soit accordé de temps pour donner du sens aux questions autrement qu'en formulant une réponse ou une proposition. M. Meyer[1] a très bien décrit cette forme de pensée qui place dans l'ombre toute une partie des réflexions qui permettent de comprendre certains problèmes sociaux. Il s'agit de « l'effectivité ». La société encourage la production de solutions à des problèmes afin de nous permettre d'agir plus efficacement. Les questions disparaissent donc lorsque les propositions de mise en œuvre au quotidien deviennent effectives et satisfaisantes. On va de l'avant et on ne revient pas sur la question. Le questionnement est anecdotique car ce qui compte c'est son élimination par la réponse effective qu'on introduit de manière active dans la société.

Prenons le cas de la question qui constitue le titre de ce livre : « qu'est-ce que l'éducation physique ? ». La question peut être le moyen de donner à une personne (connaissant mal la culture française) la possibilité d'utiliser l'expression « éducation physique » dans un contexte approprié. Et la question n'a plus de raison d'être lorsque la réponse a été fournie correctement. Mais il arrive aussi que l'expression fasse partie de notre vocabulaire courant et que nous nous posions quand même une question à son sujet. Dans ce cas, écrit S. Chauvier « c'est d'une *définition réelle* que nous sommes en quête, une

1. M. Meyer, *La problématologie*, Paris, P.U.F., 2010.

définition non du mot, mais de la chose elle-même »[1]. Dans quelles circonstances sommes-nous amenés à nous poser ce genre de questions? Selon l'auteur «c'est lorsque, dans l'usage même d'un certain concept, il nous arrive de temps à autres de buter sur des problèmes de *frontières*: lorsque certaines conditions varient de manière importante, nous ne savons plus si nous avons encore à faire à un F ou à quelque espèce voisine: l'accumulation de quelques grains de blé fait-elle déjà un *tas* de blé? Les symptômes sont dans ce cas indécis et nous avons besoin de critères »[2].

La résolution de ces problèmes conceptuels implique l'alternance de questions d'un certain type et de descriptions devant permettre de fournir des critères définissant de *manière réelle* les notions (les actions, les règles, les contenus d'enseignement, les réussites, les échecs…) qui entrent dans la définition des normes de l'éducation physique. Cette question de la définition des normes qui sont les soubassements de l'éducation physique se pose crucialement selon J. Ulmann car «au départ, l'éducateur ne connait ni les normes qu'il poursuit, ni la limite de ses pouvoirs »[3].

Or, selon C. Bayer, «l'épistémologie s'applique au domaine purement scientifique[4] ». Mais l'épistémologie peut-elle rendre compte de la manière dont les normes interviennent en éducation physique si elle se réduit à une réflexion sur les hypothèses scientifiques qui organisent certaines pratiques éducatives?

1. S. Chauvier, *Qu'est-ce qu'une personne?*, Paris, Vrin, 2003, p. 7.

2. S. Chauvier, *Qu'est-ce qu'une personne?*, *op. cit.*, p. 7.

3. P. Parlebas, «Sur quelques problèmes concernant l'éducation physique », *Revue EPS*, n°83, 1966.

4. C. Bayer, *Epistémologie des activités physiques et sportives*, Paris, P.U.F., 1990, p. 8.

La nature des concepts liés à l'intelligibilité des réalités sociales

Croire en cette possibilité reviendrait à confondre deux types d'intelligibilité : celle des réalités naturelles et celle des réalités sociales. P. Winch a été particulièrement éclairant sur ce point : « la question de savoir ce qui constitue le comportement social en appelle à une élucidation du *concept* de comportement social. En affrontant des questions de cette nature, il ne saurait être question « d'attendre de voir » ce que la recherche empirique va nous montrer ; il s'agit plutôt de rechercher les implications des concepts que nous utilisons »[1]. Cette forme d'enquête ne doit plus rien aux hypothèses, au principe d'optimisation qui organise la plupart des sciences expérimentales, ni même à l'explication fondée sur les relations de cause à effet. Et pourtant cela constituerait une erreur de croire que ce type de réflexion sur les concepts serait fondé sur des abstractions sans aucun lien avec l'observation. L'idée qu'on puisse rendre intelligibles les valeurs, les normes et les concepts permettant de les exprimer sans observer des événements est toute aussi fausse que l'idée qu'une observation objective des faits fondée sur l'empirisme de la science nous aide à comprendre les actions des protagonistes engagés dans le cadre d'une éducation physique. Ces deux erreurs nous empêchent de saisir ce qui distingue l'observation pour comprendre certains phénomènes sociaux, de l'observation qui permet d'expliquer certains faits naturels. La différence est conceptuelle. Cette différence est clairement indiquée par P. Winch :

> Le concept de guerre appartient essentiellement à mon comportement. Mais le concept de gravité n'appartient pas

1. P. Winch, *L'idée d'une science sociale*, Paris, Gallimard, 2009, p. 70.

essentiellement au comportement de la pomme qui tombe de la même manière : il appartient plutôt à l'explication par le physicien du comportement de la pomme [1].

Par conséquent les conceptions par lesquelles nous rendons compte de la guerre sont constitutives de la vie sociale qui consiste à faire la guerre, elles ne sont pas constitutives seulement de la description de l'historien qui étudie les évènements d'une guerre. Les idées, les valeurs, les normes ne sont pas des « choses » qu'on pourrait étudier sans participer activement d'une manière ou d'une autre aux relations sociales qui expriment ces idées, ces normes, ces valeurs. Comme le souligne P. Winch « un historien de l'art doit avoir un certain sens esthétique s'il doit comprendre les problèmes auxquels les artistes de sa période d'étude sont confrontés ; sans cela il ne pourra laisser en dehors de son explication ce qui précisément fait de celle-ci un morceau d'histoire de l'art… » [2].

L'usage qui doit être fait de la notion de concept n'est pas celui qui nous permet de donner un éclairage à un ensemble de phénomènes en les décrivant grâce à un terme subsumant les cas particuliers dans une forme générale. Il existe un usage des concepts qui n'est pas réservé qu'au chercheur, il en existe un autre dont le sens est lié inextricablement au fait d'agir de manière sociale. Dans ce cas, le concept n'est pas l'outil du chercheur dont il pourrait faire usage pour éclairer une réalité indépendante de ses actions. Le concept est une partie intégrante de l'action éducative, il constitue sa dimension sémantique, celle qui lui donne une réalité, à part égale avec le geste de l'enseignant.

1. *Ibid.*, p. 212.
2. *Ibid.*, p. 161.

Les deux types d'erreur d'interprétation de l'éducation physique

L'erreur d'interprétation faite sur une activité sociale (par exemple l'activité physique), n'est donc pas du type d'erreur qui pourrait être découverte par une analyse scientifique. Pas plus que pour un historien de l'art ou pour un sociologue des religions, les erreurs les plus fondamentales des chercheurs qui s'attachent à comprendre ce qu'est l'éducation physique ne sauraient tenir à des erreurs de statistiques, à des protocoles expérimentaux insuffisants ou même à de mauvaises hypothèses. Ce n'est pas à ce type d'insuffisances qu'il faut penser pour envisager les raisons pour lesquelles un chercheur ne parviendrait pas à comprendre les valeurs, les normes, les finalités qui organisent implicitement ou explicitement les pratiques des acteurs de l'éducation physique. Sur ce point, P. Winch a introduit une idée qui est essentielle pour la compréhension de l'éducation physique :

> Car une interprétation erronée d'une forme d'activité sociale est très semblable au type d'erreur dont on traite en philosophie.
> Wittgenstein dit quelque part que lorsque nous sommes aux prises avec des difficultés philosophiques, en relation avec l'emploi de certains concepts de notre langage, nous sommes semblables à des sauvages confrontés à une culture étrangère. Je suis simplement en train d'ajouter un corollaire à cette remarque : les sociologues qui se trompent sur l'interprétation d'une culture étrangère sont semblables aux philosophes qui se trouvent aux prises avec des difficultés dans l'usage de leurs propres concepts [1].

---

1. P. Winch, *L'idée d'une science sociale, op. cit.*, p. 194.

Pour bien saisir ce type d'erreur, il convient de faire la différence entre deux types de réflexion, celle menée de manière spécifiquement philosophique dans une perspective anthropologique pour décrire nos formes d'éducation et celle propre au scientifique.

Pour ce qui est des sciences de l'éducation, on peut avec J. Ulmann penser bien entendu aux théories du début du XXe siècle qui ont essayé de justifier scientifiquement le « naturalisme pédagogique », courant pour lequel une éducation physique fondée sur la nature serait la meilleure. Il dénonce également la mode qui a consisté à s'inspirer de la psychanalyse pour construire des pratiques éducatives d'expression corporelle devant « libérer l'inconscient du refoulé qui l'habite ». J. Ulmann a raison de souligner que l'éducation est suspendue à des normes et que ces normes ne peuvent avoir d'autres justifications que philosophiques. Mais, si comme il l'explique, les divergences entre les normes « tiennent à ce qu'elles se recommandent de philosophie elles-mêmes divergentes », il est remarquable que ces divergences se montrent sous un éclairage qui se veut scientifique. La philosophie de l'éducation n'est donc pas « à côté » des sciences, elle doit jeter un regard critique sur ce qu'on entend faire dire aux résultats scientifiques en matière d'éducation pour faire émerger les présupposés philosophiques qui les sous-tendent. Comment le peut-elle ? En identifiant par exemple l'erreur de catégorie qui consiste à assimiler l'action à sa réalisation gestuelle ou bien celle qui consiste à réduire la pensée à un processus neurologique, le philosophe peut décrire certaines pratiques en éducation physique comme le résultat de conceptions internalistes et causalistes véhiculées par des théories scientifiques.

C'est encore à la philosophie de montrer en quoi, pour reprendre l'expression de J. Ulmann, « il est impossible de dire

d'une norme *qu'elle est inscrite dans la nature des choses*».
Comment en serait-il autrement puisque «la norme est une
règle qui prescrit une ligne de conduite et permet en conséquence d'évaluer la conformité d'une action ou d'un jugement»[1]. Comment décrire la ligne de conduite d'un sujet
engagé dans un apprentissage en éducation physique si on
formalise cette description avec des concepts (causalité, déter-
minismes, optimisation des processus, énergie, …) propres
aux sciences qui étudient la nature des choses?

Il semble au contraire que la démarche qui doit être adoptée
pour comprendre ce que font les élèves en éducation physique
se rapproche de ce que L. Dumont dit des deux objectifs de
l'anthropologie sociale lorsqu'elle vise à déterminer ce que les
gens croient et qui sont ces gens qui ont de telles croyances[2]. Il
est nécessaire d'identifier d'abord ces croyances en les expri-
mant dans des termes que les observateurs puissent comprendre
dre et pour cela il faut les traduire dans un idiome qui fasse sens
pour les observateurs. Ensuite, il faut caractériser le sujet de
ces croyances du point de vue sociologique, préciser à quelle
occasion ou dans quelles situations de la vie sociale les gens
expriment justement ces croyances.

Mauss avait initié une telle étude pour l'éducation
physique au début du XXe siècle en écrivant *Les Techniques du
corps*. «Techniques du corps», voilà une expression dans
laquelle s'est enfermée l'éducation physique depuis près d'un
siècle alors que Mauss avait ouvert la voie pour une approche
totalement différente. En mettant au cœur de son étude non pas
le corps ou la technique mais plutôt l'usage des gestes dans un

---

1. A. Besnier, «Norme», *Dictionnaire d'esthétique et de philosophie de l'art*, J. Morizot, R. Pouivet, Paris, Armand Colin, 2007, p. 317.

2. L. Dumont, *Essais sur l'individualisme, Une perspective sur l'idéologie moderne*, Lonrai, Seuil, 1991.

contexte social déterminé, le sociologue avait compris l'importance du sens de l'action dans l'enquête qui consiste à classer les activités physiques. L'exemple de l'évolution de la natation témoigne bien de la vision éclairée de Mauss :

> De plus, on a perdu l'usage d'avaler de l'eau et de la cracher. Car les nageurs se considéraient, de mon temps, comme des espèces de bateau à vapeur. C'était stupide, mais enfin je fais encore ce geste : je ne peux me débarrasser de ma technique [1].

Cette description des techniques du corps qu'on étudie à l'université en STAPS aurait pu provoquer la révolution qu'attendent les acteurs de l'EPS depuis qu'ils ont pris conscience que les finalités éducatives devaient s'émanciper des simples considérations techniques. Mais, pour obtenir un tel bouleversement des habitudes, il fallait aller un peu plus loin que la simple remise en cause des visées techniciennes qui sont celles des pratiques sportives en club. Il aurait fallu saisir par exemple que Mauss substituait une enquête des usages du corps dans un contexte social particulier aux études de type biomécanique et médical qui ont fait les beaux jours de la recherche en éducation physique depuis le début de XXe siècle.

---

1. M. Mauss, « Les techniques du corps », Communication présentée à la Société de Psychologie le 17 mai 1934, *Les classiques des sciences sociales*, [en ligne], http://dx.doi.org/doi:10.1522/cla.mam.tec

TABLE DES MATIÈRES

TEXTES ET COMMENTAIRES

Achevé d'imprimer par Corlet, Imprimeur, S.A. - 14110 Condé-sur-Noireau
N° d'Imprimeur : 167032 - Dépôt légal : septembre 2014 - *Imprimé en France*